人民 VS 個人

Men Versus the Man

拉蒙特和孟肯的社會主義
與自由主義之爭

羅伯特‧拉蒙特 & 亨利‧路易斯‧孟肯 —著　　王少凱 —譯

拉蒙特 VS 孟肯

泰瑞‧蒂修《懷疑論者：H.L. 孟肯的一生》作者 ————

「孟肯堅信人類社會的生存法則即優勝劣汰，人類社會的進程乃是
人類意志力的產物，所有社會屬性的設計和安排要有其失敗的考量。」

《芝加哥先驅報》————————————

「身為堅定的社會達爾文主義者，孟肯堅信好的體制源自人的進步，
而不是拉蒙特堅信的人為設計的所謂完善的體制。」

20世紀初精采絕倫的書信激辯，獲各大名家媒體一致好評！

目錄

寫在出版前：
孟肯、拉蒙特及本書的緣起簡述 ——
不同立場兩大學者間的坦率對話

亨利・路易斯・孟肯（Henry Louis Mencken, 1880-1956）是 20 世紀美國著名的報人、諷刺作家、文化批評家、哲學家、美國英語專家、記者，美國知識界的一位中心人物，世人稱其為「巴爾的摩的聖人」。也是 20 世紀上半葉公認的美國最具影響力的作家之一，隨筆、雜文等作品均以其獨特的文風而著稱。在向美國中產階級文化發動進攻的作家中，孟肯的攻擊最為犀利，他甚至杜撰了一個詞把中產階級描繪成「笨伯大眾」，此詞是由「資產階級」和「笨伯」合綴而成。

身為報人和記者，孟肯的評論性文章涉及題材極為廣泛，社會事件、文學、音樂、傑出的政治家以及當時的各種運動和思潮等，他皆關注。其中最為著名的一次追蹤報導是「斯科普斯案」（Scopes Case），也就是孟肯冠名的「猴子審判」（Monkey Trial）案的報導。1925 年 3 月 23 日美國田納西州頒布法令，禁止在課堂上講授「演化論」。美國公民自由聯盟便尋求一位自願在法庭上驗證這條法律的田納西教師，於是製造了轟動整個美國乃至整個世界的歷史性事件：「猴子審判」。又因涉案

PREFACE

的教師名叫斯科普斯（John Thomas Scopes），所以也叫
「斯科普斯案」（Scopes Case）。為斯科普斯辯護的律師
團領袖是著名的刑事法專家、民權律師克拉倫斯‧丹諾
（Clarence Darrow），因為孟肯的前期報導和案件的追蹤
文章，最後導致「斯科普斯案」首次成為全美無線電直
播的審判案件。

身為學者，在語言學領域裡孟肯更是一位領先的專
家。《美國語言》（*The American Language*）是他的不朽之
作，是一部多卷本的傑出語言學專著。此書研究了英語
在美國的發展，將英語與美語的表達方式和習慣用語作
了比較，對美國的習慣用語起源作出解釋，而且還追溯
了移民語言對美國英語的影響。因此，孟肯對語言的研
究作出了巨大的貢獻，而且他特別鼓勵人們把美語作為
英語的美國分支進行學術性研究。

身為哲學家，孟肯推崇德國哲學家尼采及其哲學體
系，更是宗教、民粹主義及代議民主制諷刺者；是科學
發展的支持者，是各種經濟理論的懷疑者，是正骨療
法、神經脊柱療法的批判者，是反戰者。

孟肯以詼諧譏諷的文章嘲弄那些支援中產階級的機
構和組織；他視爭論為樂事，甚至不惜以其直截了當、
尖刻的抨擊去挑動自己的對手；他討厭圍於自己小天地
的宗教集團和商品化社會；他不支持民主制度，認為民
眾無知而且貪婪，不會妥善地行使民主這個權利。他甚

至聲稱美國民眾是「聚集於美國國旗之下一群按上司旨意行事的群氓和農奴，他們最靦腆、最愛哭、最懦弱、最可卑……」孟肯對教會、資本家和政府都進行嘲弄。

　　儘管因讀者的觀點各異，他們對孟肯的文章或是拍案叫絕喜形於色，或是深惡痛絕面呈懼色，但孟肯還因其文學批評而受到推崇，他強有力地影響著美國文學界。

　　亨利‧路易斯‧孟肯生於美國馬里蘭州的巴爾的摩市，並在那裡度過了大半生，他父母均為德國移民，父親是一家雪茄工廠的廠主。

　　孟肯在其自傳《幸福的時光》中回憶說，他在 9 歲讀到了馬克‧吐溫的《頑童歷險記》(*Adventures of Huckleberry Finn*)，這是他「人生中的大事件」，這件事促使他立志成為一名作家。之後他的閱讀可以用「如飢似渴」、「貪得無厭」來形容。高中時期便讀完了薩克雷 (William Makepeace Thackeray)、約瑟夫‧艾迪生 (Joseph Addison)、理查‧斯蒂爾 (Richard Steele)、亞歷山大‧波普 (Alexander Pope)、喬納森‧斯威夫特 (Jonathan Swift)、山繆‧詹森 (Samuel Johnson) 以及莎士比亞的全部作品。

　　他 19 歲時成為《巴爾的摩晨報》的新聞記者，幾年之後，他轉而加入了《巴爾的摩晨報》的競爭對手《巴爾的摩太陽報》的行列。初時，他為該報的一名記者，後

PREFACE

晉升為戲劇評論員和編輯。

孟肯擔任主編和創辦了兩種文學雜誌，這兩種雜誌在知識界極有影響。一是美國報人威廉‧曼恩（William Mann）1900 年創辦的文學雜誌《聰慧的夥伴》（The Smart Set），一連 10 年由孟肯主編。利用這份雜誌孟肯極力推薦德萊賽（Theodore Dreiser）；並在雜誌上率先刊登愛爾蘭小說家詹姆士‧喬伊斯（James Joyce）的著作，這在美國還是第一次；他幫助舍伍德‧安德森（Sherwood Anderson）、辛克萊‧路易斯（Sinclair Lewis）和尤金‧歐尼爾（Eugene O'Neill）在文學界樹立聲譽，他讚揚這些作家誠實，能說真話。

1924 年孟肯與好友美國戲劇評論家喬治‧內森（George Jean Nathan）共同創辦了《美國信使》（The American Mercury）文學月刊，該雜誌在 20 世紀擁有廣泛的讀者。1924-1933 年間，這本文學雜誌在美國創下發行高峰紀錄，從首期的 15,000 冊一直攀升到每期 84,000 冊的高峰。孟肯擔任主編，並兼任「編輯卷首語」和「圖書館推廣介紹」等項目編輯；內森任「戲劇評論」等項目編輯。該雜誌的創刊詞開宗明義地說：「願竭盡全力饒有風趣地揭露一切幻覺的愚蠢之處（所謂「幻覺」尤指宗教、政治和文化的偏見），尤其是這些觀點貌似公允時更須予以大力揭露。」孟肯批評「笨伯大眾」的文章多數見諸於《美國信使》，他的其他文章、故事和詩歌也提

供足夠的事實以支持他的這種批評見解，大學生和知識界人士如飢似渴地閱讀《美國信使》。該雜誌的領導人物調查美國各個不同地區的習俗風尚，尤其是中西部地區以及美國南部和西南部的「聖經地帶」，他們揭露當地當權者的無能和落後以及當地人民的愚蠢、心胸狹窄和迷信。

　　《美國信使》文學雜誌多年魅力不減的另一原因是它能接受和包容很多未出道和冉冉升起的作家們的各類文章，長期供稿的作家有：康拉德·艾肯（Conrad Aiken）、舍伍德·安德森、詹姆斯·卡貝爾（James Branch Cabell）、厄尼斯特·海明威（Ernest Hemingway）、威爾伯·卡什（Wilbur Joseph Cash）、湯瑪斯·克萊文（Thomas Craven）、克萊倫斯·丹諾（Clarence Darrow）、威廉·愛德華·伯格哈特·杜波依斯（William Edward Burghardt Du Bois）、約翰·方提（John Fante）、威廉·福克納（William Faulkner）、法蘭西斯·史考特·基·費茲傑羅（Francis Scott Key Fitzgerald）、阿爾伯特·哈珀（Albert Halper）、朗斯頓·休斯（Langston Hughes）、詹姆斯·韋爾登·詹森（James Weldon Johnson）、辛克萊·路易斯、梅麗德爾·勒蘇（Meridel Le Sueur）、愛德格·李·馬斯特斯（Edgar Lee Masters）、艾爾伯特·傑伊·諾克（Albert Jay Nock）、尤金·歐尼爾、卡爾·桑德堡（Carl Sandburg）、威廉·薩洛揚（William Saroyan）等。

PREFACE

　　孟肯堅信思想自由，反對各色各樣審查文藝戲劇作品的做法；他感到鼓吹審查制度的勢力多數來自國內恪守教旨的宗教頑固守舊派，他們一切觀點的依據建築在對《聖經》的解釋上。孟肯也強烈反對禁酒法令，禁酒法令在全國強行實施了 13 年也完全由於宗教守舊派的堅持。孟肯認為禁酒法令是對有理智的男男女女的一種侮辱。

　　孟肯的詼諧評論文章都收集在《偏見集》（Prejudices）裡，8 年之內先後出了 6 卷；《美國信使》初版 1918 年出版，孟肯以多種版本再版這部比較語言之作，最後一版在 1948 年完成；孟肯在晚年寫下三卷自傳：《幸福的時光》（Happy Days）、《記者生涯》（Newspaper Days）、《異教徒的日日夜夜》（Heathen Days）等為其代表作。1948 年 11 月 23 日孟肯不幸中風，之後便喪失了讀寫能力，康復期間也時好時壞，1956 年 1 月 29 日，他於睡夢中去世。

　　儘管許多人仍然討厭他，然而他卻深受評論家和學者們的尊重。孟肯是美國知識界、文藝界、文學界乃至政界公認的大家和旗幟性人物，孟肯落筆似有神，文章生氣盎然且時有誇張之筆。他的語言雖然過分講究華麗，然而他的文筆則妙趣橫生，常有驚人之筆，因此連他措詞最激烈的評論文章也易為讀者所接受。他應用大量詞彙，而且喜歡在其他方面均屬常見的句子中插入一

些罕見的或是出乎意料之外的詞語以獲得驚人的或是喜劇性的效果。儘管他的文章有時難讀，孟肯仍被公認為本世紀最優秀的、文筆最活潑的隨筆作家之一。

　　但生活中的孟肯是一位熱心且包容心極強的人，經他推廣介紹、提攜和舉薦的作家和學者之多，可能他自己都難以一一記得；所以，孟肯的各界友人甚多也不足為怪，甚至包括在學術和觀點對立的作家、文藝家，而他們私下皆為摯友。這其中就包括《對話：社會主義者拉蒙特與自由主義者孟肯書信論辯集》中的這位觀點與之對立的作家羅伯特・瑞夫斯・拉蒙特（Robert Rives La Monte, 1867-1939）。史料記載，本書緣起 1910 年新年的孟肯俱樂部聚會，時任《巴爾的摩新聞報》（*Baltimore News*）、《國際社會主義評論》（*International Socialist Review*）編輯、作家的拉蒙特也被邀請參加，會中孟肯發表的一篇精彩演說，促使拉蒙特起筆給孟肯寫了第一封信；拉蒙特信仰共產主義，為馬克思的《資本論》撰寫了大量的評述文章，並為當時的共產國際運動情況在美國做了大量的報導性文章和評論。而拉蒙特及孟肯的交集是，有一段時間拉蒙特也成了《巴爾的摩太陽報》的一個專欄作家，當然，名氣一直不敵如日中天的孟肯，透過孟肯的作品和演講，拉蒙特深知這位評論家的立場 —— 孟肯是為古典自由主義者或個人主義者，而且他只是試探性發出的信件，卻引起了立場對立的孟肯的

PREFACE

興趣，便有了拉蒙特和孟肯的兩位完全不同信仰作家的探討社會制度、文化、人類發展等問題辯答的前後各自寫給對方的 6 封、合計 12 封的書信。這也是拉蒙特沒想到的結果，後來，兩位作家彼此同意將信件集結出版，以公開的形式面向大眾，旨在公開透明地將這場論戰引起更多的關注人類發展、道德、制度選擇等問題的知識界等學者參與其中，形成一個理性、包容和文明的探討氛圍。

美國的 GDP 總量在 19 世紀末 20 世紀初超越英國，躍居世界第一，進入所謂「鍍金時代」。然而，伴隨經濟繁榮而來的不是民主、自由與文明的共同進步，而是腐敗滋生蔓延、社會矛盾尖銳、貧富差距拉大、底層人民焦慮、食品衛生糟糕、環境汙染嚴重……這個已經徘徊在歷史的十字路口的國家究竟要往何處去，路在何方？有良知和見識的知識分子包括新聞人、作家和哲學家紛紛開始了他們的反思與行動。如馬克·吐溫創作了一系列諷刺小說，如新聞界的「扒糞運動」等等。拉蒙特和孟肯的論辯就是在這樣的背景下展開的。起初拉蒙特的想法是想向孟肯介紹自己信仰的世界的樣子，目的是告訴孟肯社會可以是一個平等、兄弟般的世界樣貌，只要自己放棄利己主義思想，這樣的人與人之間的絕對平等才能建立，而這個體制的建立是需要人的自我鬥爭和與舊體制的徹底決裂才能得以實現，也就是最後的社

會主義革命。而孟肯的回信都更直接表達自己的政治觀念和信奉的個人主義（或古典自由主義）信念，認為人類社會無論選擇哪種體制，體制本身均有弊端；更信奉族群模式的社會型態。文中可以看出兩位立場完全不同，同時又能彼此賦予對方足夠的尊重；捷克已故總統和作家瓦茨拉夫·哈維爾（Václav Havel）說過著名的對話守則，包括「對話的目的是尋求真理，不是為了鬥爭」、「不做人身攻擊」、「保持主題」、「辯論要用證據」、「不要堅持錯誤不改」。

本書中兩位作者為立場和信仰不同者的理性辯論樹立了典範，他們的對話雖發生在百年前，但為今天關注社會話題、持不同意見者之間的對話提供了一個啟迪。這種以探求真理為目的，有禮有節地進行論辯的精神，恰恰是當下的我們所缺失的。回看過往的東西方社會，無論是古希臘的城邦時代，還是我們的東周時期，論辯都是菁英乃至平民參與討論社會問題的重要方式。自由的論辯促成了偉大的思想，開放的格局創造了輝煌的文化。我們無法確定這樣的辯答在美國的崛起過程中究竟起了多大的作用，但事實是美國在 20 世紀迅速進行自我糾偏並崛起成為世界上最強大的國家。如孟肯與拉蒙特者，正因為他們的矛盾和衝突不是由一己私利所起，而是著眼整個國家和社會，所以這並不妨礙他們私下裡成為朋友。事實上，辯答之外的拉蒙特和孟肯兩人的確是

PREFACE

彼此關心和關注的友人，尤其隨著時間的推移，孟肯在美國知識界的影響力越來越大，拉蒙特之後的多年漸漸淡出了人們的視線。但孟肯仍然與拉蒙特保持著私下的連繫，從其主編的《美國信使》雜誌上，偶爾能見到拉蒙特的文章，在其一部回憶錄《記者生涯》中，依然提到了和這位老朋友彼此年輕時互相通信的情景和心境。

本書的英文原版已經成為探討「集體（主義）利益」和「個人（主義）自由」話題辯答的經典，也被翻譯成多國文字。今能有中文版付梓，也為我們時下探討相關話題的一個現實參考，更能為我們重新展現立場迥異的學者們包容和理性的學術氛圍。因全書是書信形式辯答，那語言和行文上又接近大眾的生活，所以兼具學術性和可讀性，足以讓關注此類話題普通讀者讀懂的好書。

孔寧

前言

　　就形式而言，本書是朋友之間的一系列書信交流；而就其內容來看，也的確如此。這些書信之所以誕生，得益於社會制度這一大話題引起了我們的關注，還得益於 300 公里的路程讓我們之間的促膝交流幾乎不可能。信中所展現的，與其說是論據以及預言家的學術回顧，不如說是私人間經常一閃而過的見解與觀點。在不止一個地方，雙方發生了立場的改變，這是因為爭論的一方總試圖動搖對方的立場，而且有時也的確如願以償。因此，希望讀者能耐心地接受這些立場的改變。人們普遍認為，最好不要試圖將這些形式自由的書信體改變成呆板的說教體裁付梓成冊，因為這些書信雖然不會對它們故妄討論的重要話題提供嶄新的事實或理論，但可能仍會有其可取之處，因為它們表明，那些眾所周知的事實和理論所呈現的形式是何等靈活多樣，而這兩位稍顯心切的探尋者又如何為其所吸引。

拉蒙特

孟岢

拉蒙特的第一封來信

拉蒙特的第一封來信

親愛的孟肯：

你我都是中上階層中典型的年輕人，接受過教育，喜好率先表現出對現狀的不滿。所以，當路人稱呼我們為「憤青」時，也並非非常離譜。然而，我們之間卻各有不同，甚至是差之千里。你，雖然思想獨立而且堅定，但總體而言，卻是尼采[1]的信徒。換言之，你是一位自由主義者，你的理想就是應該有一位具有非凡貴族寡頭背景的「超人」，統治著一群窮途末路的下等民眾。而我，是一位社會主義者，一位堅定的馬克思的追隨者，不是因為我認為馬克思超人一等或完美無瑕，只是我有種強烈的感覺，認為他是正確的，即使自己還無法真正清楚地認知到他的正確之處。

首先，讓我們探討一下我們之間基本一致的地方，之後就很容易認知到我們之間的分歧所在了。唐吉訶德、耶穌基督和湯瑪斯·傑佛遜[2]都是理想主義者，就此而言，我們倆也都是理想主義者。但理想主義者之間也有著天壤之別，其差別在於我們的理想有著本質上的不同。如果擁有的理想能夠實現，至少從情理上講可以實現的話，那麼，我們稱具有這種理想的人

1　弗里德里希·威廉·尼采（Friedrich Wilhelm Nietzsche, 1844-1900），德國著名哲學家，西方現代哲學的開創者，語言學家、文化評論家、詩人、作曲家、思想家，他的著作引起了宗教、道德、現代文化、哲學以及科學等領域廣泛的批判和討論。代表作：《悲劇的誕生》（*The Birth of Tragedy*）、《不合時宜的思想》（*Untimely Meditations*）、《快樂的科學》（*La Gaya Scienza*）、《查拉圖斯特拉如是說》（*Also sprach Zarathustra*）、《偶像的黃昏》（*Götzen-Dämmerung*）、《權力意志》（*Der Wille zur Macht*）等。

2　湯瑪斯·傑佛遜（Thomas Jefferson, 1743-1826），美國第三任總統，《美國獨立宣言》主要起草人，最具影響力的美國開國元勳之一。

為講究實際之人，甚至可以稱之為科學家、唯物主義者或無神論者。在最為傑出和堅定的社會主義鬥士中，就有許多諸如此類的人物。如果擁有的理想毫無實現的可能，或者這位理想主義者將自己的馬車套在了星星之上，卻沒有充分研究過天文學知識，不明白星星行走的軌跡是否能讓自己糟糕的人造馬車安全運轉起來，那麼，我們就會稱這種理想主義者為夢想家、幻想者、烏托邦式的空想主義者，甚至是瘋子。在我們內心，很可能這就是我們在對方眼中的印象。只要認知到人類歷史中曾出現過所謂低層社會的亞人類，你就會相信身為一個講究實際的人，唯一可以接受的理想，其實就是接納這一類型的低層社會。對你而言，一旦提議消滅這些低人一等的族類，你就變成了一個無視殘酷歷史教訓的夢想家。必須承認，當前的社會主義文學，比如說赫伯特·喬治·威爾斯[3]所創作的《新世界》，它所呈現出來的社會主義，要不是任由社會主宰的人類改良方案，就是病人可選擇採用的治療人類疾病的萬能藥。同時，也必須承認，大多數這種題材的文學作品具有宣傳色彩，可以用來為你的觀點助威。

　　但是，德國、法國、英國和美國都有一些具有代表性的社會主義者，他們將全部精力都投入到軍隊的組建、培養和訓練之中，他們的軍隊裝備精良，遍及四海。他們從不氣餒，總能

3　赫伯特·喬治·威爾斯（Herbert George Wells, 1866-1946），英國著名小說家、新聞記者、政治家、社會學家和歷史學家。尤以科幻小說創作而聞名於世。他創作的科幻小說對該領域影響深遠，如「時間旅行」、「外星人入侵」、「反烏托邦」等都是20世紀科幻小說中的主流話題。代表作：《隱形人》、《時間機器》、《星際戰爭》、《現代烏托邦》、《獲得自由的世界》等。

拉蒙特的第一封來信

勇往直前，戰無不勝；而且其規模還在不斷壯大，早已超過了 3,000 萬人，成為了令世界矚目的軍紀嚴整、號令統一的最威武雄壯之師。這些雖看似普通卻具有代表性和戰鬥精神的社會主義者，並不會將自己看成專利藥的供應商，反而把自己當成了施洗者約翰[4]，正以斬釘截鐵的聲音宣告新秩序的到來。這樣的軍隊，感受著共同信念的激勵 —— 即使這信念不過是一種幻覺，在共同使命的感召之下 —— 即使這種使命永遠不會實現，已成長為一種力量，一種腳踏實地之人不得不正視的力量。

這種信念是一種幻覺嗎？這種使命永遠無法實現嗎？還是讓我們拭目以待吧！如果舊秩序無法維繫，那麼，新秩序就必然到來。暫且不提新秩序會如何，我只想向你表明，舊秩序已經無法維繫下去了。我不想從歷史學、政治經濟學和統計學中引經據典，原因有二：其一，我自己對這些事情知之甚少；其二，我不希望冒犯你。根據我的經驗，講求實際之人對呆板的資料總是深惡痛絕的。

整體而言，中世紀的經濟與今日經濟的重要區別，在於中世紀生產的產品主要供當地使用，而今日生產的產品幾乎都是為了對外銷售。因此，我們的現代工業和商業融合一體，它之所以能順利運轉，取決於商品銷售的充足和連續。每當商品銷售出現中斷，最典型的例子出現在 1873 年、1893 年和 1907

4　施洗者約翰（John the Baptist），撒迦利亞和以利沙伯的兒子，基督教譯「施洗者約翰」，伊斯蘭教譯「葉哈雅」。因他宣講悔改的洗禮，而且在約旦河為眾人施洗，也為耶穌施洗，故得此別名。

年，社會就會陷入巨大的恐慌。

　　18 世紀後葉，誕生了一系列的機械發明，生產方式因此發生了巨大的變革，而且這種變革仍在以更為迅捷的速度進行著。變革的終極碩果，就是生產力獲得了大幅提高。我想，如果說今天 1 小時的工作產值相當於亞當斯密[5]時代 100 小時的產值，沒有人會認為我判斷有誤。讓我們一起看看這一變革的具體成果吧。參考一下華盛頓政府收集的資料，就會發現，1900 年每位工人的平均產值為 2,000 美元左右，平均薪資大約為 400 美元。如何消化這麼多產值的產品，令政府左右為難。顯然，一個只賺 400 美元的工人是無法購買 2,000 美元的產品的。國人當中，有超過 50% 的人屬於工人階級。雖然農民可以助一臂之力，但相比於工人自身龐大的基數，農民的作用微乎其微，所以，總體的購買力也強不到哪兒去。因此，真正具有購買能力的人屈指可數。顯而易見，如果總產值僅依賴於個人產品消費，如果只局限於家庭或國內市場，消化這些數量龐大的產品如同天方夜譚。但是，幸好還有國外市場，我們還可以生產生鐵和豬肉。雖然作為第一大生產國的英國驕傲地吹噓自己是世界工廠，但它對國外銷售的依賴有目共睹。今日世界的每個市場上，英國正遭遇德國和美國日益激烈的競爭。與此同時，日

5　亞當斯密（Adam Smith, 1723-1790），蘇格蘭哲學家、經濟學家，古典經濟學的主要創立者。代表作：《道德情操論》（*The Theory of Moral Sentiments*）、《國富論》（*The Wealth of Nations*）、《哲學論文集》（*Essays on Philosophical Subjects*）等。其中《國富論》成為了第一本試圖闡述歐洲產業和商業發展歷史的著作。這本書發展出了現代的經濟學學科，也提供了現代自由貿易、資本主義和自由意志主義的理論基礎。

本也正在從歐洲和美國手中搶奪東方市場。此外，中國的工業正蓄勢待發，這一真正的黃禍早已成為具有遠見的歐洲保守派和美國保守派的噩夢。國外市場一直是經久耐用的巨大安全閥，但無情的經濟發展，也可以說是命運或者天命，正迅速地扭死閥門。

另一個安全閥 —— 將資本和勞動力應用於生產生鐵，而不是生產豬肉 —— 在過去的 10 年中取得了巨大的發展，它成為一種局部緩解方法，其安全期有望超過國外市場的那道安全閥。資本和勞動力，從日常消費品生產上撤回並應用於生產耐用的工業設備和運輸設備越多，每年生產的產品所需要解決的暫時困難就越少。毫無疑問，正因為大量的資本和勞動力被投入到諸如東北部水下隧道建設這類巨大的工程中，我們才能維繫目前階段的繁榮，1907 年帶來的陣痛也才會得以緩解。這些隧道建設工程促進了商品生產和分配，節省了時間和勞動力。但是，一旦這些工程竣工，暫時舒緩的困境反而會加劇。

在一些獨立生產部門，有些資本必須投入到固定資產上，有些資本則用來按天或按週支付薪資。競爭，促進了機械設備的不斷改進和提高，因此，也迫使雇主將越來越多的資本投入到固定資產方面。這種變化，經濟學家稱之為資本競爭，它迫使實業巨頭們無法按照自己的意願整合生產，也導致了產品與工人購買力之間發生持續和巨大的偏差。獨立工廠和整個國家也是如此，資本構成不斷發生變化 —— 其過程本身就使變化成為必須，而且必須要變化下去 —— 最終使整體的產品銷售變得越發舉步維艱。

因此，我們要面對的是一種現實狀況，而不是一個抽象的理論。民眾無力購買超過每年產值五分之一的產品，這一購買力的匱乏，是致命的，而且注定會無視人類的意願而持續加劇。

親愛的孟肯，我們正處於經濟變革的關口。這種變革如此巨大，所以，除了革命一詞，其他的字眼都無法恰如其分地描述它。這就是我們必須得出的結論嗎？我打從心底認為，資本內部技術含量的提升以及殘酷無情的變化，注定導致社會革命的爆發；而且，這種革命與我們緊密相關。因此，只要我們是有遠見的人，就必須做到未雨綢繆。

這場革命，將是怎樣的呢？它會在權力上確立尼采的非道德主義者的寡頭政治 —— 未來超人的始祖嗎？幾年前，威廉·詹姆斯·根特[6] 在其《仁慈的封建主義》（*Our Benevolent Feudalism*）中就曾有過類似的預言。傑克·倫敦[7] 在那部令人心灰意冷卻精彩十足的《鐵蹄》（*The Iron Heel*）中，也把這場革命當成一種可能性進行了更為栩栩如生的描述。

或者，就如詩人和先知們早就預言的那樣，這場革命將讓

6　威廉·詹姆斯·根特（William James Ghent, 1866-1942），美國記者、作家和社會主義者。

7　傑克·倫敦（Jack London, 1876-1916），美國 20 世紀著名現實主義作家。他的作品大都帶有濃厚的社會主義和個人主義色彩，因此有人認為他是宣揚社會主義的作家，也有人認為他是表現個人主義和民眾哲學的自然主義作家。代表作：《馬丁·伊登》（*Martin Eden*）、《野性的呼喚》（*The Call of the Wild*）、《白牙》（*White Fang*）、《熱愛生命》（*Love of Life*）、《海狼》（*The Sea-wolf*）、《鐵蹄》（*The Iron Heel*）等。他是世界文學史上最早的商業作家之一，因此被譽為商業作家的先鋒。

所有人都擁有了謀生方法，因而永遠消除了貧困，迎來了夥伴般的和諧時代呢？

回答這些問題，必須稍微了解一下心理學。經濟學家告訴我們，只要 25-45 歲的男性每天工作 3-4 個小時，就能生產足夠的產值，按照今天來看，就相當於每年擁有了 5,000 美元的收入，可以過著舒適的生活。

如果有這種可能性存在，沒有任何統計學家或經濟學家固執地對此否定，那麼，社會革命是否會帶來這種舒適生活，就取決於民眾的智力或願望了。讓我們先看看人類的願望是由什麼決定的吧。思維模式，由生活方式所決定。經常受天氣所左右的人，對他而言，天氣在人力所掌控的範疇之外。因此，無論他是紐西蘭的毛利人，還是在長島或康乃狄克州皮膚棕黑的種蔬菜的野蠻人，都會產生迷信心理。但對有些人來說，他們經常與那些步調一致且幾乎完全在人的掌控之下的機器打交道，就不會產生迷信心理。無論其中的因果關係如何，他們不會去教堂或禮拜堂祈禱上帝給予每天的麵包，但在行為舉止上會變得粗魯一些，並出現了一些令人擔憂的跡象：不會在鞋子生產已經過剩的情況下再心甘情願地打著赤足，也不願在牛肉和穀物生產已經過剩的情況下還甘心忍飢挨餓。

正如韋伯倫[8]教授所指出的那樣，機械化進程正直接控制並間接影響著我們越來越多的人。有一點很重要，如果現存體制

8　托斯丹‧邦德‧韋伯倫（Thorstein Bunde Veblen, 1857-1929），美國偉大的經濟學巨匠，制度經濟學鼻祖。代表作：《有閒階級論》（*The Theory of the Leisure Class*）、《企業理論》（*The Theory of Business Enterprise*）等。

持續下去，這群人正好是最大的受害者；而如果工廠、鐵路和農村成為所有人的共同財產，他們也恰好是最大的受益者。工人們在日常工作的合作過程中培養出來的紀律性，以及在廉價公寓裡過的群居生活，都讓他們習慣了透過工會以集體的方式討價還價。如果工人有所思想，他所想的必然是社會主義。多少年來，他根本就不思考，只是在恐慌、失業接踵而至之時，他才會有所思考。失業是一次強有力的思想刺激，當恐慌過去，失業者回來工作時，他很可能會成為社會主義政黨的註冊成員。

因此，我們之間的討論所得出的結論就是，社會主義革命一觸即發，正是生活狀況讓民眾相信了社會主義思想和抱負，於是，越來越多的民眾將這些思想和抱負應用於與機器相關的活動之中，也正是這部分民眾不怕革命，他們，如馬克思所言：「失去的只是鎖鏈，他們將得到整個世界。」但是，沒有人能逃避機械化進程所傳播的心理影響，20 世紀的每個男男女女都或多或少地按著 19 世紀工人的方式思考著。我們這一時代的精神生活日益受到無產階級理想和思維的影響。各地的個體主義者，受到良好經濟形勢的保護，可以倖免於與養家糊口的殘酷現實直接接觸，所以，他們受到這種新趨勢的影響微不足道。但是，沒有人可以全然逃避。因此，致力於整合和培訓龐大的社會主義好戰群體的經濟力量和社會力量，同時也在不知不覺間使得其他民眾或多或少地從心理上厭惡與那些滿懷熱情地邁向社會新秩序的人們為敵。

在所有人之中，存在著一個活躍族群，他們幾乎躲避了我

們正在探討的革命所造成的心理影響，他們就是那些獨立的小製造商和商人階層。但這一階層隨著信託公司和百貨商場的到來，正在快速消亡。在美國一些地方，現在仍然能夠找到這一曾經占主導地位的美國族群的典型，但我們卻發現，他們已經失去了思想和性格的獨立性。他們無時無刻都生活在經濟毀滅的恐懼之中，害怕翻看日報，以免讀到某個受到操縱的摩根[9]公司或史特勞斯[10]公司將他們逼得破產的報導。誠然，雖然這一弱小族群已奄奄一息，從心理學角度上講，他們已不再是自給自足的有戰鬥力的組織，但仍是保守派的保障。可惜不到 10 年，作為一種社會力量或元素，他們就會被忽略不計。他們之前可以依靠受過教育的專業人士為維護其業已確立的秩序搖旗吶喊，但今天和明天，他們又該如何作為呢？高等教育設施在不斷擴大和加速，已經讓所有充滿自由思想的行業人滿為患，而且正在讓失業成為這些業界司空見慣的現象，變得與無產階級中的失業現象毫無區別。這種困境正在加劇，因為中產階級中僱傭和資助專業人士的力量在不斷減少。過去 20 年裡，大多數短命的改良運動，都是受到了這一階層的鼓動和領導，但隨著機械化過程所產生的心理影響日益加劇，越來越多心情鬱悶的知識分子將會接納無產階級的觀點，任由自己開化的思想聽憑革命力量的支配。

9　約翰·皮爾龐特·摩根（John Pierpont Morgan, 1837-1913），美國金融家、銀行家。最多時掌控 42 家企業，他對效率及現代化的追求和貢獻，令美國的商業徹底改頭換面。

10　李維·史特勞斯（Levi Strauss, 1829-1902），美籍德國猶太人，1853 年在美國舊金山創立了牛仔褲生產公司。

剛才簡單回顧了推動集體主義發展的力量。而那些反對力量呢？真正對反對社會革命感興趣的人，他們的數量在不斷而且必定在不斷縮減。但是，與數量上的弱小相比，他們政治上的無能更為突出。只需提及最近國會就埃爾金法案[11]和緊急貨幣法案進行的辯論，就可以充分說明這一點。社會革命越近在咫尺，活躍的反對社會革命的團體就會越少，當最終革命爆發時，反對力量的數量將與千萬富翁的數量以及膽怯的貧民窟中無產階級的數量不相上下。這種情況極有可能發生。

因此，親愛的孟肯，如你所見，我的結論就是，我們正艱難地面對審判日的來臨，唯一可能的出路就是採取某種形式的集體主義或共產主義立場。即使你我認為這一結果令人遺憾，但如果認知到了它發生的必然性，那麼，為即將來臨的變革讓民眾在思想上做好準備，難道不是我們的責任嗎？反對勢所必然的社會變革，無異於螳臂擋車，可能爆發暴力、縱火和流血行為。順應時代進步的大潮，就是推動和平革命，將維護自古傳承下來的無比寶貴的文化遺產不受傷害，並使之繼續繁榮下去。正如卡爾·馬克思所說，某種意義上來說，社會主義者只是助產士，幫助舊制度盡可能毫無痛苦地孕育出新制度。

即將來臨的社會革命會令人感到遺憾嗎？現在的政局真的如此完美，以至於像你這樣受過教育的人竟然執意於為其奉獻才能和精力嗎？社會主義理想真的如此令人憎惡，以至於需要不惜一切代價延遲它的到來嗎？

11　埃爾金法案，指 1903 年美國聯邦法律修訂的 1887 年州際商務法，強調對提供回扣的鐵路和接受回扣的運輸商加重處罰。

拉蒙特的第一封來信

　　我想，如果告訴你，根據羅伯特·亨特[12]所寫的《貧困》（Poverty），每年進入墳墓的流浪漢的數量是多麼可怕，或者根據赫伯特·喬治·威爾斯（Herbert George Wells）的《新世界》（*New Worlds for Old*），因營養不良、疾病纏身或受蟲害侵擾的英國學生數量多麼令人震驚，你也許仍會無動於衷。相反，你只會重複尼采的訓誡：「堅強起來！」，然後說：「他們是弱者，讓他們破產吧！」但是，你注定無法不為約翰·斯帕戈[13]在《兒童們的痛苦呼號》（*The Bitter Cry of the Children*）中那振聾發聵的聲音而震撼。以貴族的名義，以藝術、文學和戲劇的名義，我滿懷期待向你求教。你認為貴族應處於統治地位，因為這是理所當然之事；你認為，暴民應該為命運所拋棄，因為他們罪有應得。我的朋友，還是拋開表面現象探究深層原因吧！貴族有何德何能值得擁有那麼多高雅的品行，讓我真心認可並為之而深感欣慰呢？對於他們及其先祖們豐衣足食的事實，我不想說無所事事地悠閒生活是成為紳士或淑女的充分條件，我想說的是，如果沒有三代人忍飢挨餓，如果沒有三代人別無選擇地辛勞苦耕，就不會創造出紳士淑女。社會主義理想，意味著所有人都豐衣足食，悠然生活。我不是說，變革會像戲法一樣突

12　羅伯特·亨特（Robert Hunter, 1874-1942），美國作家、社會主義者、高爾夫球場建築師。代表作：《貧困》（*Poverty*）、《暴動與勞工運動》、《革命：為什麼、怎麼做、何時做？》（*Revolution: Why, How, When?*）等。

13　約翰·斯帕戈（John Spargo, 1876-1966），美國著名歷史學者、美國社會主義黨人、公共知識份子，馬克思傳記的早期作者。代表作：《社會主義者》（*Socilalism*）、《卡爾·馬克思》（*Karl Marx: His Life and Work*）、《馬克思社會主義與宗教》等。

然發生！社會革命不會一夜之間將包厘街 [14] 裡的混混變成賈斯特菲爾德 [15]；但我想說的是，社會革命將會給予所有人物質基礎，貴族們就是依靠這種物質基礎塑造了自己的品格。我是一名社會主義者，不是因為我是貴族的敵人，也不是因為我貶低貴族，而是因為我希望貴族所占的比例達到史無前例的高度。

當然，我不必向你指出，今天的商業化已經嚴重玷汙了藝術、文學和戲劇，所以，大多數藝術家、小說家和劇作家都是思想的娼妓。最令人可悲的是，他們當中的一些人甚至墮落到連自己都不知道自己是娼妓的地步，還恬不知恥地大談特談藝術！當我冒昧地提醒你這一點時，感覺自己說的不過是陳詞濫調，這是因為在伯里克里斯 [16] 時代，每位雅典的自由人都是評論家，所以雅典的雕塑、繪畫和戲劇才臻至完美。社會主義理想，展現在任何男人或女人的品味都至少不比伯里克里斯時代的雅典市民遜色。今天，你心知肚明，只有當商業化了的男人登不上劇場舞臺的時候，才可以偶爾上演更為精彩的戲劇，因

---

14 包厘街（Bowery），美國紐約的街名。

15 賈斯特菲爾德〔菲力浦‧道摩‧斯坦霍普，賈斯特菲爾德第四任伯爵（Philip Stanhope, 4th Earl of Chesterfield, 1694-1773）〕，英國政治家和文學家。代表作：《至兒家書》（Letters to His Son）等。

16 伯里克里斯（Pericles, 約西元前 495- 西元前 429 年），雅典黃金時期（希波戰爭至伯羅奔尼薩斯戰爭）具有重要影響的領導人。他在希波戰爭後的廢墟中重建雅典，扶植文化藝術，現存的很多古希臘建築都是在他的時代所建。他還幫助雅典在伯羅奔尼薩斯戰爭第一階段擊敗了斯巴達人。尤為重要的是，他培育當時被看作非常激進的民主力量。他的時代也被稱為伯里克里斯時代，是雅典最輝煌的時代，產生了蘇格拉底、柏拉圖等一批知名思想家。伯里克里斯被認為是推動雅典民主政策改革，使它變得更為民主的人物。

拉蒙特的第一封來信

為今日美國社會中唯一數量可觀而且有閒心參與真正有品味的文化活動的人群，就是上層社會的婦女。

如果你希望欣賞到更得體的行為，更精彩的小說，更高雅的藝術，更高貴的戲劇，我知道你的確希望，你唯一需要知道的，就是成為一名社會主義同志，說明我們加速社會主義革命的到來。

你會這麼做嗎？

你真誠的
羅伯特・瑞夫斯・拉蒙特

孟肯給拉蒙特的第一封回信

孟肯給拉蒙特的第一封回信

親愛的拉蒙特：

　　首先，至少在一件事上，你我達成了一致，那就是我們都相信，世界絕非完美。乍看來，我們的態度似乎有些悲觀，但實際上，我們都是純粹的樂觀主義者，我們倆都堅信，無論當前的不完美多麼令人悲嘆，世界也許，而且應該，並且將會變得完美起來。毋庸置疑，我們都贊成這一觀點。但當討論到讓世界變得完美起來的具體途徑時，當討論到目前的確切目標時，簡言之，當我們努力剖析如何規劃人類的進步時，很快就發現，我們之間的分歧巨大到無法估量的地步。你理想中最可能實現的美好世界，在我看來，卻恰似最慘不忍睹的世界。我毫不懷疑，在我將你改造並引領你臻至完美之前，我理想中的畫面，就像我曾經在其他地方勾勒出來的那樣，就像我要一筆一筆畫出來的那樣，與你的畫面會有而且一定會有共同之處。

　　但是，在深入闡釋自己的社會進步理論之前，我想向你指出，你來信中的某處論點存在疑問。在我看來，在所有社會主義者的文章中，這處錯誤的毒性最強，如同 60 年前基督教神學家們文章中的毒性一樣強大。因為缺乏合適的說法，暫且稱之為建立在荒謬證據之上的異常信仰。它最糟糕的地方，在於它會引導人們不假思索地接受毫無邏輯的結論，而這種結論其實不過是一個但願成真的希望，它充其量只會傳遞給你們社會主義者一種意願，去接納和維護任何一個所謂的事實或一群所謂的事實，無論這些事實多麼靠不住，但只要看似能證明你的觀點就好。

　　親愛的拉蒙特，這個錯誤非你獨有，我堅信，如果你被吊

死，一定不會因為這一指控。事實上，為了淨化我的靈魂，你不時寄給我一些更為老套、更為花俏的社會主義作品，雖然其中盛開著更加璀璨奪目的花朵，但我已發現了錯誤的蛛絲馬跡。所以，你仍是有罪的，但願是二級或三級罪行吧！在此，我希望能向你證明你的罪行所在。

比如，你信中論證剛一開始，就引述了一個政府報告，似乎是說每個美國工人一年能生產 2,000 美元價值的商品，而勞動所得是 400 美元。我實在無法證實這些數字的準確性（對於那些創造這些數字的統計學家們，我自愧不如），但它們似乎是可信的；因此，我暫且與你一起接受它們。顯而易見，你毫無保留地確信這些數字是準確的，因為你接下來將它們作為你論證的基礎。「顯然，」你一開始就說，「一個只賺 400 美元的工人是無法購買 2,000 美元的產品的。」接著，你從社會主義哲學的角度審視這一事實，從而揭露其不道德性。暫時撇開你最終的結論不說，我甘願認為你對賺 400 美元的這個人的看法是正確的。他的錢僅僅能買 400 美元的商品，剩下的 1,600 美元可以讓另一個人購買。那麼，就產生了兩個有趣的問題：其一，另一個人購買的價值 1,600 美元的商品是什麼？其二，這 1,600 美元意味著什麼？

第二個問題更為重要，因為明白了第二個問題就知道了第一個問題的答案了。如果對你的話理解正確，你的答案是，1,600 美元意味著單個工人對這個國家庫存商品每年的貢獻值，是超出他可以花費 400 美元買回來並進行消費的那個數量，就是卡爾·馬克思所說的「生產過剩」。其價值，馬克思稱之

為「剩餘價值」。你獨具慧眼，發現每 2,000 美元中有 1,600 美元的剩餘價值，這可是個不小的數目啊！你指出，因為缺乏市場，這種剩餘價值的累積注定讓這個國家的商人因為大量無法出售的庫存而處於艱難的境地。在所有這些方面，你的邏輯都非常充分合理。但不幸的是，你的立足點卻是錯誤的，因為你和政府的統計學家們談之色變的那個 1,600 美元的剩餘價值，幾乎完全是個學術謎團。總之，除了在少之又少的地方，它幾乎沒有實際存在過。除了政治經濟學的教科書，人們幾乎從未聽說過它。

在此，我將以非常有代表性的製造業為例，並根據自己的切身體驗，談一下這再清楚不過的事實。我將會表明，每個工人對國家庫存商品的平均貢獻值，超出了他可以用薪資買回來消費的那個數值，而且很少與他用薪資買回來消費的那個價值相等。薪資為 400 美元的工人，對國家剩餘價值的貢獻值，根本不是每年 1,600 美元，很可能只有 160 美元，要遠遠少於 400 美元。你想當然地認為，可以施展起死回生之術無中生有地創造 2,000 美元的價值，但你過於想當然了。工人真正做的，其實是這些事情：他使用了差不多 1,200 美元的原材料，然後在它身上加入了（讓我們慷慨一點，假如有）800 美元價值的技術，最後獲得了 400 美元的勞動所得。現在，雇主擁有的很多商品，其成本都在 1,600 美元 —— 原材料費為 1,200 美元，工人薪資為 400 美元 —— 而商品出售的價格為 2,000 美元，其中的 400 美元差價用於支付僱傭資本的利息，銷售商品的費用，燈、電費用，各種稅，以及租賃費。無論剩餘的是多少，都是

雇主的合理薪資，是對他付出的事業心、辛勞和技術的回報。以後我會向你表明，雇主的這份薪資，無論其數目如何，與工人的薪資一樣，貨真價實，理所當然。現在，我們暫且放下不談。

我們現在要考慮的是這 1,200 美元的原材料成本。恐怕你會爭辯說，這個估價高得離譜了，但我向你保證，它絕不離譜。我碰巧在一家雪茄廠工作了 3 年，有幸親密接觸過其工作流程。這家雪茄廠，是一家典型的中等投資規模的工廠，生意興隆。當時，工廠生產的是一種有名的雪茄。假如它生產 1,000 支雪茄的話，需要 22 美元的成本。我說「生產」，不是「銷售」。工人生產 1,000 支雪茄，獲得的勞動所得是 6 美元。那麼，那 16 美元的差價怎麼回事呢？是雇主的利潤嗎？是工人對資本累積的免費貢獻嗎？全都不是。它所真正代表的，是工人生產雪茄過程中所使用的原材料成本。這些原材料被送進工廠，擺放工作臺上，已附帶了包括關稅在內的各種稅賦、交通、保險等費用，還包括了雪茄生產、包裝、印花和送到銷售部門銷售的幾乎所有成本 —— 但比雪茄工人的薪資要少！請你注意，所有這些費用的總和，是捲菸工實際薪資的三倍。因此，我上段所假設的 400 美元與 1,200 美元的比例，實際上並非不合理。

但是，原材料成本、稅賦以及包裝成本，又意味著什麼呢？答案很簡單，它代表了勞動。支付給菸草的實際費用，代表了從貧瘠土地裡收割菸草的農民的勞動，也代表了處理和培植菸草的加工工人和專家的勞動，以及運輸菸草的司機和海

員的勞動。沒有這些勞動，就沒有菸草的存在。具體一點說，它是無數小時辛勤勞動的結晶。生產商為菸草支付的大部分費用，都直接回到了勞動者身上。土地所有者的利潤、中間環節經手人的盈利以及運輸公司持股人的所得，如果都按最高值計算的話，勞動者所獲得的利潤至少應有一半。至於裝雪茄的木盒，貼在木盒上的商標，以及貼商標的樹脂，一併如此。同樣，用於支付稅賦的錢也是一樣，它直接進入了政府職員的囊中。這些職員日日夜夜只生產了一種產品 —— 沒有這種產品，所有其他的產品就不復存在 —— 那就是，法制倫理的保障。

因此，假設 1,200 美元全都是原材料的費用，其中有 600 美元支付了工人的薪資，其餘 600 美元作為盈利付給了中間商和資本家。那麼，總共 2,000 美元中，仍有 800 美元需要解釋去處。如我們所見，這其中有 400 美元主要付給了之前提到的工人。那麼，仍然有一筆 400 美元的款項需要解釋。這筆錢是怎麼回事呢？可以當成生產商的利潤嗎？在某種意思上，它是；但在另外意義上說，它也不是！它的確是利潤，但它是毛利潤，其中還包含了銷售成本和維護成本。

為了了解成本的概念，讓我們再次將目光轉回到雪茄工廠。回想一下，我們在那裡了解到，每生產 1,000 支雪茄，雪茄工得到 6 美元。而運送到工作臺的原材料，包括之後處理和打包的費用，需要 16 美元。因此，目前為止，每千支雪茄的成本是 22 美元。如果雇主在市場上每千支的銷售價是 30 美元，那麼他的毛利潤就是 8 美元。但他獲得的純利是 8 美元

嗎？絕對不是。首先，每千支雪茄所需的辦公維護費用和銷售花銷至少得有 3 美元，壞帳需要耗去 1.5 美元，另有大約 1 美元為不可預見的費用和風險。而那 3 美元的辦公維護和銷售費用誰得到了呢？我想，實際上，每一分錢都流到了工人手中——為鍋爐挖煤的礦工、記帳的職員、拜訪客戶的銷售人員、賓館的廚師等諸如此類之人。那麼，剩下的純利潤，又是怎麼回事呢？我希望能向你表明，這也是薪資——雇主本人的薪資，為其才能所支出的薪資，用於管理資本、介紹客戶、購買產品，以及最終連哄帶騙、軟硬兼施讓工人為獲得 6 美元而做事的才幹。

　　現在，所有的這些數字能帶給我們什麼呢？那就是一個簡單明瞭的事實：在你的說教中所提到的那個 400 美元的工人，他生產出來的價值 2,000 美元的商品，並不意味著價值 400 美元的勞動加上價值 1,600 美元的通貨膨脹，而是意味著價值 400 美元的勞動加上價值至少 1,000 美元的其他勞動。而這個價值 400 美元的人，也許才是我們探討的主角。他的才能，才是將陽光和人力轉化為可銷售商品的主要因素。但是，那些辛苦勞作準備原材料的人，還有那些能夠讓這位主角安心工作並銷售產品的人，也該有他們的勞動所得。支付完所有這些人的費用之後，商品利潤已經所剩無幾了。因此，我們得出的結論會讓你所有關於陣痛、危機和改變社會秩序的那些論點都成為一紙空談。這個結論就是，只要 400 美元的工人能夠回購價值 2,000 美元商品中的 400 美元，那麼，所有參與生產這個商品的工人的薪資總和，就能回購幾乎整個商品。統計數字，我不在行，

但容我冒昧地猜測一下，今天的美國，在正常情況下生產的價值 1,000 美元的商品，至少有 800 美元意味著工人的薪資。因此，你最初所說的那個 1,600 美元的剩餘價值，你誠惶誠恐地對待並認為潛伏著巨大奇蹟的這筆錢，在冷靜地審視之後，縮水到了 400 美元。毋庸諱言，你馬上會反駁說，身為一名馬克思主義的追隨者，這個剩餘價值，無論多少，都代表了資本主義對工人的壓迫，因此，它是邪惡的。你也許還會爭辯說，對馬克思而言，剩餘價值的邪惡不在於它的實際價值是多少，而在於它的的確確存在 —— 任何剩餘價值都是不道德的，工人應該獲得他所生產的一切。在以後的信中，我再回答這個問題；但還是請你現在就記住，對這一問題，我的質疑真切而執著。事實上，對我而言，剝削工人的可能性，正好為人類進步的樂觀態度找到了合理的解釋。正是這種可能性，賦予了生存一個目標、一種熱情；正是這種可能性，保證了人類的所有福祉和特權，使得人類（至少是除了處於最低層之外的人類）比乳牛一族更為優越；也正是這種可能性，給予了令我們高枕無憂的保證：無論我們偶爾怎樣熱情地擁抱利他主義，無論我們把利他主義當成一種宗教信仰還是當成一種政治主張，我們都在遵循人類無法抗拒的自然選擇規律，並在其驅使之下一直向前、向上，毫無懈怠，執著前行。

令我感覺困惑的，不是我們之前一直探討的問題，而是你提供的事實和數字。不是因為它們似乎能為我證明什麼，而是因為我發現它們幾乎完全不可能證實自己的準確性。你在上面一個段落中舉了一個例子：「經濟學家告訴我們，只要 25-45

歲的男性每天工作 3-4 個小時，就能生產足夠的產值，按照今天來看，就相當於每年擁有了 5,000 美元的收入，可以過著舒適的生活。」讓我們稍微探討一下這個問題，看看它意味著什麼。請你回憶一下，你曾經規定說，一個美國工人每年的平均收入是 400 美元。在信中你還說「有超過 50% 的人屬於工人階級。」如你所言，假設這一準確數字是 50%，他們每人每年生產價值 2,000 美元的商品。然後，你提議只允許 25-45 歲的人工作，這樣就可以減少一半的勞動力，讓那些 25 歲以下和 45 歲以上的人不用工作。可同時，你又建議要求這 50% 裡身體健康、現在卻無所事事的人成為工人，以此增加雙倍的勞動力。因此，實際上，你的勞動力隊伍與現在沒有區別。

但接著你又建議將勞動時間減少到每天「3 或 4 個小時」，這樣，生產能力就變成了一半。那麼，結果將會是怎樣呢？很簡單，你的工人的年產值將是 1,000 美元，而不是 2,000 美元。如現在一樣，他的收入，即使假設他每分錢都獲得了回報，也只是 1,000 美元。用這 1,000 美元，他如何獲得像今天這樣需要 5,000 美元才能獲得的舒適生活呢？

我每一步都是採取無罪推定 —— 相信你說的每句話都是正確的 —— 的做法。比如，即使你曾親口承認無所事事的人「只有一小部分」，我還是假定 50% 的人口屬於無所事事之人。我還假定，社會主義取得了不可能達成的成就，可以為同一商品支付兩次 —— 一次是支付給農民的，即菸草種植費；另一次是支付給雪茄工的種植費。我對你所希望的一切都信以為真，然而，最終卻獲得了荒唐的結論。

孟肯給拉蒙特的第一封回信

　　你說「經濟學告訴我們，」但接下來，我卻發現了你的最根本錯誤：你過於輕信所謂的經濟學了，把最奢侈的聖人所持有的最荒謬的觀點當成聖經福音的真理。如果「經濟學告訴我們」在社會主義制度下，當前的工人大軍，只需工作一半時間，就可以賺 12.5 倍的薪資，那麼，就該拿出證據來。我個人認為，根本沒有這樣的證據。所有的觀點，一言而蔽之，純屬天方夜譚。在現實生活中，沒有任何根據可言。就如同說，如果我的眼睛不是藍色的，而是棕色的，那麼，我就會成為衛理公會教派的主教，每年可以有 8,000 美元的收入那樣胡說八道。

　　經濟學，據我理解，是基於一系列的人類經驗而獲得的推論。這些推論，不僅隨著經濟學家的教育程度、環境、宗教和政治主張而變化，而且互相之間也經常產生抵觸。的確，在不同科學流派中，傑出的科學家都在發揮著他們的聰明才智。可正因為如此，他們之間的分歧才顯而易見。為了說明這一點，我想提一下不時出現的關於貨幣問題的那些令人瞠目結舌的爭論。外行人從這些爭論中得出的結論一定是，絕大多數專家都錯了。而且一想到一個顯而易見的事實：每個經濟學家的金融理論，都是他自己根據對大眾公開的事實而推理得到的，我對上述結論就越發有信心了。因此，為什麼要過多地關注經濟學家呢？為什麼不親自審視這些事實並推演出自己的理論呢？

　　你也許會回答說，我的論點是愚蠢的。如果把我的論點應用於諸如病理學這樣的科學，就會顯示出這一論點的愚昧。但我要回答的是，我並沒有把它應用於病理學，因為在某種意義上，病理學知識只為受過專業教育並能一絲不苟遵循的人所擁

有。另一方面，所謂政治經濟學知識，其實講的就是日常生活的實際狀況。如果我表達的意思還不清楚的話，請你關注亞當斯密的租金理論和免疫理論。如果你發現具有中等智力水準和教育水準的我，初次讀斯密的理論時不能理解其中觀點的話，我會付給你 1 美元。另外，如果你發現具有中等智力水準和教育水準的我，初次讀埃爾利希[17]的理論時就能理解其中觀點的話，我還會給你 1 美元。有時，讀懂一個理論，只需正常的心智即可；而有時，讀懂另一個理論，則可能需進行過專門的培訓，有著豐富的實際經驗。

基於這些理由，我對接受經濟學理論持有謹慎的態度，喜歡證據勝於喜歡結論。我毫不懷疑你引述的那位起草政府報告的先生是位高薪聘任的專家，然而，我卻無法擺脫這一想法：支付給他費用是一種浪費。

但對於你提及的權威人物，我還是要表達一下自己一貫持有的反對態度，否則這封信就沒有任何原則可言，定會讓你厭倦不已。我所倡議的立場，就是對社會主義持反對態度。這一原則，自始至終，它從未變過；它來源於我的信仰，我堅信革命過程應是一種善舉，而且是永恆的。換言之，我相信，在現存世界裡，人類是無可比擬的最高等級的種族；我更相信，隨著歲月更迭，人類比低等動物的優越性會越發顯現出來。我認

---

17 埃爾利希（Paul Ehrlich, 1854-1915），德國科學家、細菌學家、免疫學家。較為著名的研究包括血液學、免疫學與化學治療。埃爾利希預測了自體免疫的存在，並稱之為「恐怖的自體毒性」，曾經獲得 1908 年的諾貝爾生理學或醫學獎。

孟肯給拉蒙特的第一封回信

為，在許多方面，你我都要比我們的祖輩們優越許多，也在許多方面比克里斯多夫·哥倫布、尤利烏斯·凱撒[18]和摩西[19]有著無可估量的優越性。

但是，所謂的優越性指的是什麼呢？換句話說，我對進步的定義是什麼呢？當然，很難用一兩句話概況這一概念，但我想透過解釋評價進步的方法，讓大家對這一概念管窺一斑。進步，如我所見，衡量它的，是人類對自然力量知識掌握的準確性。如果認真審視這句話，你會發現，我把進步看成一次覺醒的過程。換言之，為了明天的現實，人類拋棄了今天的理論。摩西認為，地球是扁平的；凱撒認為，他的家庭醫生可以治癒肺炎；哥倫布認為，魔鬼經常進入無辜的老嫗身體之中，把她們變成了女巫；還有，閃電是憤怒的上帝向邪惡的人類投擲的炸彈。你我都知道，這三位偉人的觀點都是錯誤的。因此，從這種意義上講，你我都要比他們優越。

現在，所有的這些覺醒，自其萌芽時期伊始，就開始折磨著人類。它們通常分為兩類：一類產生於人類不完美的認知能力；另一類則來自於對能夠準確觀察的現實進行了錯誤的闡釋。第一類最貼切的例子，就是那個耳熟能詳的理論：瘧疾是因吸入了不潔的空氣而感染的。就在不久之前，所有人還都相

18　尤利烏斯·凱撒（Julius Caesar, 西元前 100- 西元前 44），羅馬共和國末期的軍事統帥、政治家，尤利烏斯家族成員。

19　摩西（Moses），《舊約聖經·出埃及記》等書中所記載的西元前 13 世紀時猶太人的民族領袖。史學界認為他是猶太教的創始者。他在亞伯拉罕諸教（猶太教、基督教、伊斯蘭教）裡都被認為是極為重要的先知。按照以色列人的傳承，摩西五經便是由其所著。

信這一理論。即使在今天，仍有一些無知的人是這麼認為的。憑藉肉眼觀察，這一理論似乎完全正確。但漸漸地，人們開始使用顯微鏡去幫助肉眼進行觀察。有一天，一位有冒險精神之人突然靈機一動，將瘧疾病人的一滴血放在了顯微鏡下觀察。從那時起，古老的理論就為一些人所拋棄，他們的觀點值得一聽：眾所周知，瘧疾不是因吸入不潔的空氣引起的，而是由各種各樣的類屬於孢子蟲的細小的寄生蟲引起的。人類，在其歷史進程中，已經摒棄了數以千計的此類錯覺，但還遠遠不夠。每當我們要改進工具強化自己遲鈍的感覺時，它們就會躍然而上，而且層出不窮。

第二類錯覺或幻覺可分成兩大類錯誤觀點。其一就是認為，透過言語或行動，人類有能力終止或改進統控世界的鐵律。另一觀點則認為，人類有能力為自己制定出統控世界的鐵律。從第一類錯誤觀點中，萌發了祈禱的功效理論，以及隨之而來的龐大而古怪的宗教體系。從第二類錯誤觀點中，誕生了古老的道德學科，隨之而來的是數不勝數的人類奮鬥，只為了戰勝永恆且無情的弱肉強食的自然規律。這種人類奮鬥，其誕生的最新的政治理論叫社會主義，它是整個理論體系中最為愚昧的理論，因為它所提議的，不但要讓人類規律如同自然規律一樣不可更改，而且要讓人類規律替代和終止自然規律。它讓我再次真真切切地目睹了處於虛妄愚昧頂端的人類，我根本無法想像出比這種理論更為自大的自以為是。

現在，你也許會認知到我拒絕加入你的改革運動的理由了，儘管你的認知還是模模糊糊的，因為我的闡釋也並非十分

清晰。我絕不會為現存的秩序道歉。如赫胥黎一樣，我認為，世界的運行絕非完美，但世界就是這個樣子，我們必須接受它。如果你指出，我所定義的人類進步包括了對三分之二人類的真正奴役，我只能說，對此我無能為力。如果你指出，奴隸必須總要承擔被某一極其殘暴的奴隸主壓迫的風險，我只能說，奴隸主也承受著自己的腦漿隨時會被某一膽大妄為的奴隸敲出來的風險。如果你指出，透過實施改革措施，真正取得進步的只有上層社會；我只能說，只有上層社會才能獨立地取得進步。

民眾有惰性，只有在被拖拽或驅動下才會前進。民眾恪守錯誤的觀念，其頑固程度令人瞠目，甚至需要一個地質時代去改變民眾每一微小的錯誤。民眾無助而膽怯，他收到的每個新恩惠，每次漫漫征途上的進步，都必須來自強者的免費禮物 —— 不但免費，而且必須強迫。數千年以來，偉人一直在為真理而戰鬥並付出生命。然而，今天處於底層的普通白人，雖經歷過基督教世界的洗禮，卻仍然相信星期五是不吉利的日子，仍然相信鬼魂行走在地球上，仍然篤信神跡、凶兆、復活、救贖、奇蹟、預言、陰間、地獄和政治上的靈丹妙藥。

誠然，維護事物的現存秩序需要人類付出血的代價，但就我所見，這一秩序無可避免。無論你如何批駁它，都不可否認現存秩序至少創造了進步。比如說，它創造了那個巴斯德[20]。

---

20 路易‧巴斯德（Louis Pasteur, 1822-1895），法國微生物學家、化學家。微生物學的奠基人之一，被稱為「微生物學之父」，以否定自然發生說及宣導疾病細菌學說和發明預防接種方法而聞名。

如果，無論直接的還是間接的，在漫長的歷史進程中，比如說，必須犧牲數以百萬的奴隸以成就這位巴斯德，我認為，其結果是值得的。巴斯德為這個世界所做的工作，讓時鐘向前撥快了 100 年，為整個人類，無論是自由人還是奴隸，無論是現在還是將來，謀取了永恆且持久的福祉，其價值會隨歲月的更迭日益成長。100 萬名奴隸的生命能夠擁有同樣的價值嗎？根本不會，他們只會將從世界獲得的物質和能量再奉還給世界，他們對進步的影響，即使有的話，也是反對變革的。

你們近代的社會主義者，總好找各種藉口和折衷方案。比如，你說在社會主義之下，世界上的巴斯德們，就像在自然選擇規律作用之下一樣，會得到珍惜和鼓勵。但我還是要反對社會主義，理由就是，社會主義在兩代人之後，將不會再產生巴斯德了。為了創造今日世界和明日世界的所需，我們必須擁有能勞作的工人。但要創造比今日世界更為美好的百年以後的世界，我們必須擁有一批人，他們透過剝削 —— 直接也好，間接也罷 —— 勞動者的工作，可以在悠然愜意之間規劃出宏偉藍圖，探尋崇高的真理。

你真誠的
亨利‧路易斯‧孟肯

孟肯給拉蒙特的第一封回信

拉蒙特的第二封來信

拉蒙特的第二封來信

親愛的孟肯：

　　你的上封回信充滿自信，雖然你的資料讓我感覺既好笑又困惑，但我還是獲得了無限樂趣。你來信的後半部分給了我說明，讓我可以根據你的實際年齡確定了你的心理年齡，這使我接下來的工作變得更加容易了。我要告訴你，在我看來，你似乎既是希臘的伯里克里斯，又是法國的狄德羅[21]。當然，我並無冒犯之意。

　　當你斷言為了在這在那創造出一兩個巴斯德，有必要剝削和奴役數以百萬的無產者時，你只是把人類的奴隸制換個說法而已，這在亞里斯多德、柏拉圖和色諾芬[22]的作品中經常可以找到，只是時而清晰時而含糊罷了。在他們的口中，這個論點很有說服力，因為在他們那個時代，人的創造力少得可憐，只有擁有大批奴隸，才能享受到文明成就帶來的悠閒。但是，雖然你，親愛的孟肯先生，生活在人類已經使用了蒸汽和電的時代，但仍然重複著在西塞羅[23]時代就已經過時的觀點。當時，有一位偉大的希臘詩人，叫安迪帕羅斯（Antiparos），他在發明

21　狄德羅（Denis Diderot, 1713-1784），法國啟蒙思想家、唯物主義哲學家、作家以及百科全書派的代表人物。他的最大成就是主編《百科全書，或科學、藝術和工藝詳解詞典》（通常稱為《百科全書》）（1751-1772）。此書概括了 18 世紀啟蒙運動的精神。恩格斯稱讚他是「為了對真理和正義的熱誠而獻出了整個生命」的人。他也被視為是現代百科全書的奠基人。

22　色諾芬（Xenophon, 西元前 427- 西元前 355），雅典人。軍事家、文史學家，他以記錄當時的希臘歷史、蘇格拉底語錄而著稱。代表作：《希臘史》、《蘇格拉底的辯護》、《居魯士的教育》、《經濟論》等。

23　馬庫斯‧圖利烏斯‧西塞羅（Marcus Tullius Cicero, 西元前 106- 西元前 43），古羅馬著名政治家、演說家、雄辯家、法學家、作家和哲學家。

的水磨中領悟了一個預言：人類也許會從奴隸制的詛咒中解放出來。因此，他讚頌了仁慈的狄蜜特[24]饋贈給人類的悠閒：

「鬆開轉動水磨的手臂，噢，磨工們，安靜的沉睡吧！讓破曉公雞的啼鳴無聲，狄蜜特已將奴隸的勞作轉加給了仙女，看見她們歡快地越過石輪，看見搖晃的輪軸隨著輪輻轉動，將沉重的滾石旋轉。讓我們過上父輩們的生活，讓我們享受無所事事的生活，那是女神賜予我們的禮物。」那麼，讓孟肯趕上安迪帕羅斯，需要多少個千萬年呢？

當你用累積起來的精準知識衡量進步並因此將人類的理性奉為神靈時，你已完美地再現了激發盧梭、狄德羅以及偉大的法國百科全書編撰者們的那種精神。用恩格斯的話說：「為革命作了準備的 18 世紀的法國哲學家們，求助於理性，把理性當作一切現存事物的唯一的裁判者。應當建立理性的國家、理性的社會，應當無情地剷除一切與永恆理性相矛盾的東西。」（《馬克思恩格斯全集》第十九卷）一旦這一精神得以實現，世間萬物就會盡力呈現出最完美的形式。在他們那個時代，這是完全可以理解的想法。從那時起，人類就不斷進行著嘗試。法國大革命將基督教世界徹底顛覆，第三等級在每塊文明的土地上都受到推崇。但現實卻與 18 世紀偉大的法國唯物主義者們的高貴夢想相去甚遠。我們大多數人都從這一經歷中獲得了經驗，開始懷疑人類的進步需更多地依賴於解決人類溫飽的發展過程，而不是僅僅依賴於學術知識的增加。但是你，18 世紀的寵兒，仍在優哉游哉地為永恆的理性譜寫優美的頌歌。

24　狄蜜特（Demeter），希臘神話中司掌農業、結婚，豐饒之女神。

拉蒙特的第二封來信

很可能你現在明白了，為什麼當讀到你的信仰聲明時，我會啞然發笑。「在許多方面，你我都要比我們的祖輩們優越許多，也在許多方面比克里斯多夫‧哥倫布、尤利烏斯‧凱撒和摩西有著無可估量的優越性。」

讓優越的 18 世紀的人創造一些觀點來批駁社會主義，而社會主義卻根本就不是從希臘的伯里克里斯和法國的盧梭那裡繁衍而來的，這麼做你認為我瘋了嗎？

我在第一封信中引用了一些數字，只是為了清楚地闡述我的觀點。你的信讓我相信，它們非但沒有達到我的意圖，反而讓你感覺困惑，同時也模糊了我的觀點。這不足為奇，因為我不是統計學家，總是認為數字是一種負擔。為了清楚地闡明我的立場，希望你允許我在沒有數字的情況下重新簡明扼要地闡述一下自己的觀點。

改進生產方式的目的，比如說在機械行業，安迪帕羅斯早在 2,000 年前就已清楚地認知到，就是為了節省勞動力。如果使用機器做工所花費的勞動，要比人們使用農耕方法花費的勞動要多，人們就不會使用機器了。但是，在一個有不同的生產商在市場上互相競爭出賣商品的社會裡，每個工廠主，無論他喜歡與否，都必須持續不斷地改進機器。如果他不改進，他的商品就賣不出去，他就要被迫破產。每次這種改進，都意味著產品的提升，而這又與工廠支付的薪資相關。於是，總體而言，社會產品的需求比例就會出現數量上的過剩，超出了賺薪資的工人所擁有的購買力。而且這一比例還會成長，也必須成長，直至最終達到社會革命發生時所需的比例。機器設備越發

達，國家的工業技術越先進，工人階級難以購買的國民產值所占的比例就越大。換言之，工人所獲得產品的比例就越小。因此，英國和德國的工人獲得自己勞動所得的比例極其微小，甚至比不上相對落後的國家，如義大利、西班牙和葡萄牙。1908年的美國工人能夠購買的勞動所得，要比 1850 年的工人還要少得多。懇請你注意的是，在前一封信中和這封信裡，我都沒有就這種比例安排是否道德進一步提出質證。但對於萬有引力定律的道德性，等我準備充分時，我倒是願意問一下。在某一特定時間裡，工人到底能得到多少，跟我的論證幾乎無關，我所論證的根本問題是，工人階級的購買力與總產值之比的持續下降之事。只要繼續改進機械設備，這一比例必將下降，而且競爭讓工業技術改進刻不容緩，就像我在第一封信裡所言：「資本內部技術含量的提升以及殘酷無情的變化，注定導致社會革命的爆發。」

在第一封信裡，我使用了一些關於工人平均薪資和產值方面的相關數字，其目的只是為了解釋，它們根據記憶引述，來自於《第 150 號普查公報》(1902 年 9 月 15 日，第二版）的表 1 和表 2。這份《150 號公報》只提供了製造業的資料，它顯示工人的平均薪資是 432 美元，每個工人的產值超出了 2,000 美元。這些公報資料收集的主要目的，就是說明工業的成長情況，還有其他一些商業用途，而不是為了滿足經濟研究的需要。所以，雖說並不是不可能，但很難確定除了工人增加的新價值之外，這 2,000 美元還包含什麼其他內容。身為最有才能

的統計學家之一，長島[25]諾斯波特的盧西恩·桑尼爾[26]，對於與鄧白氏報告[27]相關的 1900 年普查結果及其他的來源進行過仔細研究，他得出的結論是，1900 年的總產值是 245 億美元，生產耗費的總勞動力值是 58.15 億美元，勞動者能夠購買的產值占比為 23.74%。

應該注意的是，工人購買的是正處最高價時的產品，而公報中給出的產值是基於出廠價格。所以，為了確定工人能購買的產值，必須要在公報的估價上再加上若干比例的價格；這部分價格是用來支付將產品運輸到市場的運輸費及流通費，通常以批發價和零售價的形式存在。我發現，透過計算，桑尼爾先生將這一價格比例增加到了 42%。利用這一比例，我根據《第 150 號普查公報》計算出了從 1850 年到 1900 年每 10 年工人在生產總值中所占的比例。

即使這一比例數字不準確，它也不會損害我的結論：工人的占比正在降低，因為我就是根據同樣的比例計算出每隔 10 年的狀況的。

結果見下表：

1850 年工人可購買的產值占比	36.1%

---

25 長島 (Long Island)，美國紐約州東南島嶼。

26 盧西恩·桑尼爾 (Lucien Sanial, 1836-1927)，美國報紙編輯、經濟學家和政治活動家。美國社會主義勞工黨黨員。是最早研究馬克思主義理論中關於「帝國主義」概念的經濟學理論家。

27 鄧白氏報告 (Dun & Bradstreet's reports)，國際上最著名、歷史最悠久的企業資信調查類的信用管理公司。

1860 年工人可購買的產值占比	32.1%
1870 年工人可購買的產值占比	31.3%
1880 年工人可購買的產值占比	33.7%
1890 年工人可購買的產值占比	30.5%
1900 年工人可購買的產值占比	27.0%

當然，你會立刻發現，從 1870 年到 1880 年間工人的占比增加了 2.4%，但如果參考製造業的投資數字就會明白，在那 10 年期間，資本投資只從 2,118,208,769 美元提高到了 2,790,272,606 美元，這一數字很難與人口成長保持一致。所以，實際上，在這 10 年間，工業技術幾乎是停滯不前的。而從 1850 年到 1860 年，勞動份額差不多降低了 5%，投資資本卻幾乎翻倍了，從 533,245,351 美元增加到了 1,009,855,715 美元，這表明機械設備取得了巨大的改進。

這些數字是否完全準確無誤，我不清楚，但我想，它們的確無可挑剔地表明工人階級的購買力，甚至可以說，工人階級的購買力越來越難以充分發揮自己的經濟功能了，因為當代社會是建立在生產方式的私有制基礎之上的。如果將這些數字應用於其他行業，同樣的結果表現得會更加清晰。堪薩斯州吉拉德市的弗萊德·D·華倫（Fred D. Warren）從《勞工專員第十八次年度報告》（*Eighteenth Annual Report of the Commissioner of Labor*）中摘取了如下生鐵行業的相關資訊：

	1870	1880	1890	1990
人均產值（噸）	66	81	260	395
平均薪資（美元）	453	304	460	506

	1870	1880	1890	1990
每位工人的平均利潤（美元）	322	360	405	900

　　我認為，與雪茄製造業相比，生鐵行業遠不屬於你所說的那種典型的現代工業，因為後者機械化革命和化學革命的程度遠遠落後。不管怎樣，我覺得自己沒有資格進行雪茄行業的討論，因為我與它唯一的連繫不過在於我抽雪茄菸 —— 還是在好運向我微笑之時。而且，除了自身的經驗之外，你並沒有給出具體的資料來源，所以，我不得不將這一領域留給你作答。

　　我想，你會承認，即使你不願接受迫使社會革命發生的條件已然成熟這一事實，但透過運用經濟學家和統計學家的方法，已經表明：商品的剩餘價值在不斷增加，而且如何處理這部分剩餘價值存在著一些實際困難。但是，非常奇怪的是，你身為永恆理性的宣導者，原本是依據累積起來的精確知識衡量社會進步的，但當同一人類的智慧應用於經濟學和社會學時，你卻對它產生了懷疑，反而認為，相比於多年潛身研究這些問題的專家而言，街上的路人應該被給予更多的信任。我樂意承認，對於一個反對社會主義的人而言，只有尋求知識的增長，才能實現尼采所言的千年之願[28]；可最終卻發現，經濟學知識與對社會主義的偏見成反比 —— 知識增加時，偏見就消失；

28　尼采所言的千年之願（Nietzschean millennium），根據《黑格爾和他的批評家：黑格爾後的哲學》記載，尼采認為，在一千年或幾千年以後，具有創造力的少數人將會取代沒有創造力的多數人，從而迎來史無前例的文化高度發達的尼采千年。

這似乎是一個可悲的事實。請聽一下前不久剛上任的財政部長萊斯利‧莫蒂埃‧肖[29]在紐約聖鄧尼斯酒店舉行的一次狄更斯大學校友會上所講的那個可悲的故事吧。

「每個人都在講社會主義，這已成為大勢所趨，對此我感覺很驚訝。在肖托夸集會[30]上，所有的演講者都在宣揚這一理論。我們學院裡的社會學教師也在宣揚它。只有一些人是例外，這些避口不言社會主義的人反而是社會主義者，但只需與他們談上幾分鐘的話，你就會發現，他們竟然還都是無政府主義者。

「我們的圖書館裝滿了社會主義文獻。最近，為什麼在大城市，雖然罷工還在進行，但閱覽室裡仍然不分白天黑夜地擠滿了各種各樣的人呢？有人問圖書館員，他們在讀什麼書？圖書館員回答道：『社會主義，所有人都在讀。任何語言寫的關於社會主義的書，這裡都有。』

「社會學，就像在大學裡教的那樣，無非是一時的狂熱，而且是危險的狂熱。你不能用狂熱構建人類思想。威爾希爾[31]先生，是一位有社會主義傾向的編輯，最近讓我的一位朋友安

---

29 萊斯利‧莫蒂埃‧肖（Leslie Mortier Shaw, 1848-1932），美國企業家、律師和政治家，曾任美國愛荷華州長和美國財政部長。

30 肖托夸集會（Chautauqua），又譯學托擴、肖陶擴，是 19 世紀末期與 20 世紀早期在美國非常流行的成人教育運動。

31 亨利‧蓋洛德‧威爾希爾（Henry Gaylord Wilshire, 1861-1927），美國地產商、出版商、作家和政治家。堅定的社會主義者，曾以美國社會主義勞工黨黨員競選國會議員。在洛杉磯，人們為紀念他，以其名字命名了一條大道——威爾希爾大道，全長 25.50 公里。

排自己與我們大學的一位教授進行一場關於社會主義的辯論。我朋友去問教授的意見,教授說:『不去,我不會為社會主義辯論,因為威爾希爾與我觀點一致。』」

「今天,即使在教堂,也反映出了一些社會主義傾向,這簡直糟糕透頂。」

毫無疑問,肖會同意你的觀點:令人煩惱的商品的「剩餘價值」,我和「政府的統計學家們談之色變的那個剩餘價值,幾乎完全是個學術謎團。」總之,「除了在少之又少的地方,它幾乎沒有實際存在過。」「除了政治經濟學的教科書,人們幾乎從未聽說過它。」但是,你和他都必須承認,昌西‧米切爾‧迪皮尤[32] 素來以對經濟學如少女般天真而聞名,1900 年在費城舉行的共和黨大會上 —— 正是在這次大會上,總統麥金利[33] 獲得了重新提名 —— 迪皮尤參議員所做的演講被他的許多同仁稱為「了不起的演講。」他說:「每年,我們這個偉大的國家生產出超出消費能力的商品有 25 億美元之巨。」看起來,早在 8 年前,關於剩餘價值存在的消息就已經從純粹的學術界滲透出來了。紐約的《太陽報》,在 1908 年 12 月登載了一封來自柏林的長信,信中說,之所以當時對德皇有如此之多的負面批評,其原因在於,德國正經歷一場嚴重的商業危機。因此,許多在經濟繁榮時期輕易傳遞出來的關於陛下的不檢點行為,都成了

---

32 昌西‧米切爾‧迪皮尤(Chauncey Mitchell Depew, 1834-1928),曾任紐約中央鐵路局主席,美國國會議員。

33 威廉‧麥金利(William McKinley, 1843-1901),第 25 任美國總統,他領導美國在美西戰爭中擊敗西班牙,國內維持金本位制度,反對推行通貨膨脹政策。開創了共和黨執政 30 多年的時代。

眾多惡毒攻擊的目標。下面我就摘引這封信中的一句話，以供參考：「當前的市場充斥著購買者無利可圖的商品。」

在德國，似乎連新聞記者都聽說過這個令人煩惱的剩餘價值。從《太陽報》這封信作者的角度來看，剩餘價值遲早將驅使德國與英國開戰，為能給剩餘商品找到一個傾吐管道而垂死一搏。

顯然，知道這如瘟疫般的商品過剩的事實，並不僅局限於經濟學家、統計學家和社會主義者。我想，之前提供給你的數字，證明了它是一個非常值得玩味的現實。可以說，計算製造業工人在 1850、1860、1870、1880、1890、1900 各年所占產值比例時，每個數字都是根據公報中所給出的總產值計算的。我首先計算的是行業中原材料的半成品價值，其次是真正使用的原材料價值。這樣，我的數字所代表的就是工人在生產過程中的增加值。如果你仍然對這個「學術之謎」心存疑慮，請允許我引述《美國鋼鐵公司年度財務報告（1906 年 12 月 31 日）》中的一些資料。這得感謝弗萊德·D·華倫[34]的幫助，這份報告此刻正放在我的桌上。

在第 5 頁上，我摘錄到如下內容：

「在扣除了日常維護費（大約 28,000,000 美元）、雇員的獎金、債券利息和子公司的固定支出之後，全部資產的純收入為 156,624,273.18 美元。」

34　弗萊德·D·華倫（Fred D. Warren, 1873-1959），美國教育家、編輯、美國左翼報紙《呼喚理性》主編。

拉蒙特的第二封來信

在第 24 頁上，同一年（1906 年），公司全部資產名下的雇員平均人數是 202,457 人，年度薪資總數為 147,765,540 美元。

如果將純利潤（從中你會注意到，所有該扣的款項已扣除）和薪資（包括鋼鐵信託公司的官員們的高額薪資）加在一起，就會發現，利潤占 51.46%，薪資占 48.54%。

當然，鋼鐵信託公司的利潤是按照產品的出廠價計算的，所以，工人的占比明顯較高。考慮到這一事實，這些數字基本上與我在上面 150 號公報上所看到的關於製造業的資料接近。

但我對準確的占比數卻並不關心。鋼鐵信託公司的報告確立了一個鐵的事實：它的商品中有巨大的剩餘價值可以出售。

談論雪茄行業時，比如說「僱傭資本的利息，銷售商品的費用，燈、電費用，各種稅，以及租賃費」，你說道：「無論剩餘的是多少，都是雇主的合理薪資，是對他付出的事業心、辛勞和技術的回報。以後我會向你表明，雇主的這份薪資，無論其數目如何，與工人的薪資一樣，貨真價實，理所當然。」

提請你注意的是，用於管理和監督規模龐大的鋼鐵公司的「事業心、辛勞和技術」中的一點一滴，都是由拿薪資的雇員所做的。支付「事業心、辛勞和技術」的薪資，就在我上面提到的那些薪資帳戶上。按照你的說法，在這「貨真價值的薪資」足額足量地支付之後，我們的老朋友 ──「令人煩惱的剩餘價值」── 仍然會站在那裡，大腹便便，一臉壞笑地問我們：「那麼，你要怎麼處理我呀？」你還認為我們不該給他一個認真的答覆嗎？

我們的行業領袖們，在過去幾年中做出的回應，如我在上封信中所指出的那樣，就是將越來越多的資本投入到改善和擴大所謂的長久性的工業設備和交通設施上。雖然這麼做能暫時緩解困境，但不幸的是，正因為改進了生產和交通，所以，最終反而加劇了病症。還有兩種其他的回應，也許可以輕易做出來：一是有閒階級為了滿足需要，無節制地增加了消費性支出；二是由於戰爭和災難的干涉，帶來了商品的消亡。對於這兩種情況，托斯丹·韋伯倫教授在他那本有名的《商業企業理論》（*The Theory of Business Enterprise*）（Charles Scribner's Sons, 1904）中都談論過，而且談的非常有趣。他的結論是，將私人的奢華和消費提升到無節制的地步，無異於天方夜譚；但可以指望戰爭和災難發揮緩衝劑的作用。

　　「合理利潤存在長久性缺陷，」在討論前一點時，他說。「需要治療。可以從非此即彼的兩個方向尋找治療方法：一是增加非生產性消費；二是消除使利潤處於『合理』水準之下的『割喉式』競爭。為了確保稍顯薄弱的總儲蓄還有盈餘，就要將足量的工作或生產轉向非生產性消費領域；這樣一來，只要保持過去的投資數量不變，按數量和重量衡量的可盈利價格就會維持不變。如果非生產性消費過大，當前在工業設備上的投資就不足以透過競爭顯著降低價格。

　　「非生產性消費，要達到足以抵消現代工業剩餘生產力的程度，幾乎是不可能的。私人的積極性，並不能彌補商業狀況所需的商品消耗和服務消耗。當然，雖然私人消耗巨大，但宣導節儉和精明投資的商業理念，已成為當代人根深蒂固的習

慣，他們無法容忍對節約效率的刻意延誤。在實際消耗方面，開化的政府有更多重要的事情可以做，而且他們也的確正在做。軍備、公共建築、宮廷和外交機構，等等，這些規劃都產生了消耗，而且迄今為止，都與我們討論的問題相關。

「時間和精力的消耗，不但出現在軍事服務事業中，還延伸到了宮廷、外交以及基督教會人員的僱傭上；實際上，消耗只在單一方面發揮了作用。但是，無論這種公共資源消耗多麼引人注目，顯然都不足以抵消機器工業的剩餘生產力，尤其是在這種生產力獲得了龐大設施支持之時。這些龐大設施，是由商業機構提供的，其目的就是為了讓資本累積到少數人手中。軍事服務方面的規劃也存在時間上的消耗，它有一個缺陷，就是削減了服務階層的購買力，也削減了這些階層原本可能形成的非生產性消費。

「只要工業效率保持在現有水準，尤其是收入分配還按照現在的模式進行，就不要指望消費可以超過生產。因此，仍然不能遏制住經濟蕭條的走勢。

但消費不能為我們做的事情，幸運的是，戰爭可以為我們實現。當前這一代人，你告訴我們，他們比克里斯多夫·哥倫布、尤利烏斯·凱撒、摩西還有著無可估量的優越性。但是，他們能長久地滿足於一個永久依賴於頻繁發生戰爭、爭鬥、地震和天災人禍的制度嗎？

韋伯倫在下面記載了最近發生的戰爭所帶來的後果：

「大約從 70 年代起，美國表現得尤為明顯，而英國則是略有顯現，因為危機和蕭條，商業進程顯而易見地發生了根本改

變。最近這一時期，隨著慢性蕭條日漸頻繁地出現，這種現象不再是例外，已成為常態。因為工業進程中特定的外部因素，商業景氣和『日常繁榮』，在這一時期都難覓蹤影。90年代初，發生了美西戰爭，它的出現對於作物產量而言是特例，但卻造就了最惡名昭彰的投機通貨膨脹案。現在（1904年），戰爭顯然已接近尾聲，但隨之而來的是國家為備戰而進行的存儲、軍火和軍備服務。戰爭化解了經濟蕭條，為商業社會帶來了繁榮。只有當前的商業繁榮從外部獲取刺激，它才能保持充足的發展動力，商業繁榮也才能得以延續。否則，不要有任何理由指望其他的結果，等待我們的只是突如其來且完全徹底的清盤行為。」

這段話寫於1904年。不久，我們就幸會了日俄戰爭、洛杉磯地震、巴爾的摩大火 [35]，這種「刺激」才得以「保持充足的發展動力，」「商業繁榮也才能得以延續。」直至1907年11月，發生了「突如其來且完全徹底的清盤行為。」韋伯倫是政治經濟學的天才，但這也恰恰不幸成為了他的障礙。儘管如此，難道你不認為韋伯倫對形勢的分析入木三分嗎？

我對經濟學知之有限，但憑藉這點有限的知識，我也可以毫不猶豫地預測出當前的經濟蕭條至少要持續7年，除非（1）在此期間「精確知識增長了」或者殘酷的困境引導我們建立合作聯盟；（2）發生戰爭，如《太陽報》紐約分社駐柏林站記者所暗示的那樣，德國和英國將發生一場戰爭。我承認，第一種可

35　巴爾的摩大火（the Baltimore Fire），指1904年2月8日在巴爾的摩發生的火災，幾乎燒毀了巴爾的摩整個中部地區。

能性似乎更大一些。

不知不覺間這封信已寫得太長了，無法再談及可能勞動時間和未來社會的舒適程度問題了。在前一封信裡，我曾建議25-45歲的男性每天工作3-4小時就足以讓所有人生活得很舒適，像今天每年賺5,000美元那樣的愜意。我的這個建議引起了你的懷疑，這很自然。你還寫了好幾頁證實這是天方夜譚。也許，我該把這句話說得更清晰一些，我指的是每個家庭的收入，而不是每個人的收入。但如果我這麼寫了，你可能還要對我的話產生質疑。最根本的障礙在於，未來生活 —— 這種生活在威廉·莫里斯[36]的《烏有鄉消息》（*News from Nowhere*）中已然描繪出來 —— 從各個方面而言，都與下面的生活截然不同：

> 「長年累月，我們所過的生活
> 耗盡了我們的生命。」

這兩種生活無法用量化標準衡量，我想不出任何可行的方式給你提供舒適生活的標準。這種舒適生活將司空見慣，它「存在於未來美妙的日子裡，那時，一切都好得不能再好。」我只能建議說，金錢收入能夠使今日美國家庭過著差不多同樣的舒適生活，擁有差不多同樣的福利 —— 我說「差不多」，因為我不相信任何收入，無論多麼巨大，在今天還能夠保證獲得在

---

36 威廉·莫里斯（William Morris, 1834-1896），19世紀後半期英國一位傑出的積極浪漫主義詩人和小說家，同時又是英國社會主義運動的先驅者之一。代表作：《夢見約翰·鮑爾》和《烏有鄉消息》等。

未來美妙日子裡那種司空見慣的快樂生活。我的觀點是，上封信中我提供的數字太低了。今天的許多城市，至少需要 5,000 美元支付房租，而這是美國家庭的硬性支出啊！

　　你用數學方式驗證我的錯誤，是有問題的，你沒有扣除因競爭產生的無政府狀態而導致的勞動浪費情況。要想證明浪費情況，有一個簡單有效的辦法，參考一下人們經常提及的牛奶行業。算一下每個清晨在你家社區送奶車的數量，然後與郵遞員的數量比較一下，就會對當前巨大的無意義勞動數量有些印象了。當今的合作性體制忽略不計這些浪費了的勞動，我認為是不可能的。西德尼‧阿莫‧李維[37]，在他寫的《競爭的代價》（*The Cost of Competition*）（紐約：麥克盧爾‧菲力浦斯出版社，1906 年）一書中闡明，以這種方式浪費的勞動，至少相當於應用於生產的實際勞動的 2 倍。我無法保證他給出的數字是否準確，但我保證，如果我向你承諾說李維先生不是經濟學家，你會更樂於欣然接受這一數字。透過查詢《名人錄》，我確定李維先生從 1896 年到 1906 年是伍斯特理工學院（Worcester Polytechnic Institute）的蒸汽與水利工程教授，1907 年擔任哈佛大學蒸汽工程的講師。在我看來，講授這些課程的人似乎都是至善大德、學識淵博的人。此外，還有一個龐大的經濟產業你沒有考慮，那就是關閉所有規模較小並且設施落後的工廠，將全部精力投入到科學所能創造的最完美的工廠中。信託公司早已為我們開啟了這一行程。去年年底前，糖業信託公司就關閉了

37　西德尼‧阿莫‧李維（Sidney Armor Reeve, 1866-1941），美國作家、教授和發明家。

大約 75％的控股工廠，威士卡信託公司將 80 所蒸餾酒廠中的 68 所停產了。沿著這一方向發展經濟產業，具有無可限量的前景。

我認為，很難證明我預估的是否準確，但我確信按照我提議的思路走，只有稍微動一下腦子，你就會發現，我的估計是非常適度的。

幾年前，奧地利的赫茨爾 [38] 教授在他的《社會革命規律》(*Laws of Social Revolution*) 一書中推測道，如果合理整合起來，22,000,000 名奧地利人（當時）會做什麼呢？

他估計說：「整個農產品生產，需要 26,250,000 畝的耕地，7,500,000 畝的牧場。如果每家建一座有 5 個房間的房子，你就會發現，所需的工業、農業、建築業、大樓、麵粉、糖、煤、鐵、機器製造和化學生產，就要僱傭 615,000 名工人，他們得每天工作 11 個小時，一年工作 300 天，才能滿足 22,000,000 名居民五花八門的需求。

「這些 615,000 名勞動力，只占工作人口的 12.3％，不包括女人及所有 16 歲以下或 50 歲以上年齡的人，因為他們都被當成了無工作能力的人。

「假如這個國家所有 500 萬名有勞動能力的人都從事勞動，而不僅僅是 615,000 人，那麼，他們只需要每年工作 36.9 小時就能夠生產出用以養活整個奧地利人口的一切產品。但是，假如 500 萬人都全年工作，比如說 300 天——用以保障每個

38　西奧多‧赫茨爾（Theodor Hertzka, 1845-1924），奧地利經濟學家和記者。

部門供應要求 —— 那麼，每個人只需要每天工作 1 小時 22 分 30 秒。

「但額外生產的奢侈品，將會需要，按整數計的話，100 萬名工人，分類標準如上；或者需要全部勞動人口的 21%，跟上面一樣，不算婦女或 16 歲以下和 50 歲以上人口。500 萬可勞動的強壯男人，要生產滿足全國 22,000,000 人千奇百怪的各種產品，需要每年工作 300 天，每天工作 2 小時 20 分。」

這種估計的準確性很難評判，但有一些現成的準確資料可以表明我們在這個國家能做些什麼。弗朗茨（J. L. Franz）根據 1898 年的《勞工專員第十一次年度報告》（華盛頓：1899 年）上的統計資料表明：1898 年，按照西部農場中生產小麥的實際方法，該年實際生產出用於家庭消費的 350,000,000 蒲式耳小麥，僅僅需要 100 萬名勞動力每天工作 1 小時（參見《國家社會主義評論》（*The International Socialist Review*），第一期，第 357 頁）。

今天，工作已成為一種詛咒，人們為短的不能再短的工作時間喝采，並把這當成了最大的賜福，這是很自然且可以原諒的事情。但這麼做是不對的，我的好朋友，紐約的亨利·斯洛博丁[39] 幾天前就提醒我說：

「有些人強調縮短勞動時間能帶來巨大好處，說對未來社會十分必要；但他們沒有看到一關鍵要素 —— 社會主義立場。現代社會主義的立場就是，雖然勞動目前是、也被人們看成是

---

39 亨利·斯洛博丁（Henry L. Slobodin, 生卒年不詳），美國社會主義活動家，美國社會主義勞工黨黨員。

一種困苦,甚至是一種災難,但它在降臨,並將成為行使自然功能的一種愉快體驗。這些趨勢,人們對此的認知顯然還很模糊,但它將讓勞動變得輕鬆愉快起來。另一方面,讓愉悅發揮作用,也是一種趨勢。這兩種趨勢在未來社會中定會交匯融合。這樣,按常理來看,在未來,所有的勞動都將比現在的愉悅更加令人愉悅,未來的愉悅也將比現在的勞動更富有創造力。由此看出,討論勞動時間的縮短在未來是毫無必要的。」因篇幅有限,無法再討論你那令人吃驚的斷言:「社會主義在兩代人之後,將不會再產生巴斯德了。」

當然,逆境和貧窮有利於科學天才的成長。消除了貧困,就將使天才的誕生失去了根基。我想,你並不是想挑戰這樣的觀點吧?即使你沒錯,未來社會不再創造巴斯德了,但不管怎樣,我們對他們的需求也遠遠不如今日強烈。一想到這些,我就感到些許慰藉。在很大程度上,疾病是貧困及由貧困產生的骯髒直接或間接的產物。醫學和化學家畢生致力於發明與疾病抗爭或治療疾病的事業。當我們確信無疑地從地球上消除貧困之時,醫學和化學家將有閒暇時間致力於設計化學工序,替代今天由廉價而骯髒的男男女女們所做的骯髒工作了。

他們還將開拓出廣闊的領域,發明生產營養物的化學方法。消除貧困,將如何迫使我們的巴斯德們改變他們的職業呢?對此,范登堡臨床醫學院(Vanderbilt Clinic)的林斯立·威廉斯博士[40],在自然博物館的大禮堂裡,面對布魯克林中央工

40　林斯立·威廉斯博士(Dr. Linsly Williams, 1875-1934),美國紐約醫學院第一任院長。

會的代表們發表的演講說到了點子上。當時,正舉辦布魯克林勞工日國際結核病展。報紙對他的演講進行了報導,我簡要摘錄如下:「威廉斯醫生在開場白中說,雖然每個人都或多或少地受到結核病的困擾,但工人階級尤為深重,有 33% 的工人死於結核病……然後醫生切入正題,他宣布說:這一白色瘟疫最大的誘因就是低薪資和骯髒的工作環境。他說,世界上有許多工作都是在不衛生的環境中進行的。為了證明他的觀點,他還說,儘管普通大眾每年結核病的平均死亡率為 2.5‰,但鑿石匠的死亡率為 5.4‰,雪茄工為 5.3‰,印刷工為 4.3‰,還有一些行業裡的大多數工人都超過了這一平均值。相反,醫生的死亡率僅為 1.6‰,而農民為 1.1‰。

「威廉斯醫生在最後的總結中,懇請大家一起努力,與這白色瘟疫進行鬥爭,創造潔淨的工作環境。他還不失時機地批評那些『優越』之人,他們漠然地斷言:只要願意,每個人都可以乾淨起來,呼吸新鮮空氣。『告訴人們要保持乾淨,很容易。』他說,『但是,當你長時間地工作,而獲得的報酬卻少得可憐時,我告訴你,想保持乾淨,呼吸新鮮的空氣,幾乎是做白日夢。人們擁擠在狹窄的房間裡,連洗澡都絕非易事。當你打開窗戶想呼吸新鮮空氣時,進來的不是空氣,而是煙霧和塵埃,你不得不重新關上窗子。在這場鬥爭中,最關鍵的就是獲得更豐厚的薪水,這樣,就可以住上大房子,吃更美味的食物,也可以有能力抵禦疾病的侵害。」

近幾年來關於巴斯德的爭論,還有好幾件事情,我本想跟你提一提,但這封信實在很長了,所以,不得不將這些話題放

拉蒙特的第二封來信

在下一封信裡了。希望你原諒我寫這麼冗長的信給你，相信我不會再犯類似的錯誤了。

盼早覆。

羅伯特・瑞夫斯・拉蒙特

孟肯給拉蒙特的第二封回信

孟肯給拉蒙特的第二封回信

親愛的拉蒙特：

當我將上封信投入信箱時，曾虔誠地希望，我小心翼翼嘗試的反證法會將你從天花亂墜的數字迷宮中解救出來，至少會在你的腦海裡植入有百益而無一害的對統計學家的質疑。但我現在發現，這個希望破滅了，它注定要夭折，因為你的回擊所採用的數字比第一次發動的數字攻擊更為荒唐可笑。也許因時間倉促，我不該對這些數字說三道四，因為我毫不懷疑，它們包含了不少真實資訊。但我認為，無論它們的準確程度如何，你和你的社會主義朋友並不需要證明，因為你們想當然地認為這些數字是真實的，而且你們從這些資料裡所獲得的推論，熱情勝於邏輯。我有這樣的看法，我想是不會受到質疑的。

比如，你一開始就召喚了一位來自遙遠的奧地利教授為你證明；而他一張口就宣布了一項發明，他發現奧地利人浪費了很多勞動力，雖然這個國家的工作現在是由少數人做的，但也許其中的寥寥數人就可以將工作做得很好。奧地利教授沒有遵照統計學家的傳統，提供給我們得出此結論的依據，但就結論本身而言，他對其真實性十分肯定。假如每天工作 11 小時，他說，一年工作 300 天，就足以讓 615,000 名奧地利人為帝國 22,000,000 名居民提供所有的必需品。以此，他得出結論，如果有 500 萬人出力（在帝國正好有大約 500 萬有勞動能力的人），而非 615,000 人，每人每天只需工作 1 小時零 22.5 分。

所有的這些都是算術方面簡單而有趣的實驗，但當你將之引用於嚴肅的事情成為論據，證明在社會主義之下，美國的普通工人，每天只工作 3-4 個小時，就會一年賺到 5,000 美元。

這時，你展現出的是可悲的無能，因為你無法區分有可能與很可能、抽象與具體、想像與現實之間的差別。你的奧地利教授油嘴滑舌探討的，不是真實的人，而是他自己創造的代數上的未知數，你卻跟隨他走入誤區，錯把這些未知數當成了男人女人。他毫無理由地將幾乎每個人都擁有的無數渴望、抱負、欲望和胃口，都看成無所謂的事情而拋之一邊；而它們本來是要用來區分人類與紅螞蟻的，你卻不問青紅皂白一路盲從，也認為它們是可有可無之事。他在石板上寫下數字，你就認定這些數字是鮮活的。

　　你的教授的詭辯論與社會現實的差距有多大，要想詳細地解釋清楚，需要一封長信才可。我只需指出的是，假設有可能找到 500 萬個人，而且他們工作都很高效，並願意日復一日地工作下去。但是，一旦認為工作沒有必要，他們就會毫不猶豫地放棄工作，哪怕一天只工作 1.5 小時也不願意。這種假設真是荒唐。為了解釋清楚，讓我回想一下（你所鄙視的）弗里德里希‧尼采所定義的強烈的人類衝動 —— 意志力。這種意志力不僅僅是一種情感或想法，它真實地存在於每個人身上，即使是最墮落的人也不例外。為了活著，只要一個人肯付出努力，他就具有了意志力。意志力，的確是最重要的生命本能，尼采的先人亞瑟‧叔本華（Arthur Schopenhauer）稱之為「生存意志」。

　　但這種「意志力」或「生存意志」，又是如何表現自己的呢？在文明的人類社會裡，我認為，它主要透過某些持續不斷的競爭和對抗表現的，從最初用最少的體力換取最多的食物，

孟肯給拉蒙特的第二封回信

發展成為複雜而強大的抱負。就是說，在每個名副其實的所謂的人的靈魂深處，都蟄伏著一種難以抗拒且蠢蠢欲動的衝動，要求這個人盡可能地出賣自己的精力和能力。他獲得的回報越多，他所享受的體貼和舒適就越多；當與他人進行比較時，他的地位就表現得更為優越。因此，我們理解了尼采將叔本華的「生存意志」變成「意志力」的緣由了。尼采清晰地洞察出衡量人類付出努力取得成功的唯一正確的方法，就是認知這個人掌控自己環境的能力——這個環境不僅包括了他的同事，而且還將同事看成了主要因素之一。哪怕戰勝一心要摧毀或奴役人的自然力量和社會力量微不足道，但僅僅靠這一點，這名獲勝者就比那些被摧毀的人和被奴役的人要優越。每個人都在不斷努力，想要贏得勝利，以此增加相對的安全感和存在感。即使是崇拜自我犧牲的聖人，也渴望在可觀的範圍內，比他下一根紀念柱上的對手付出更大的犧牲。甚至連教皇，雖然處於人類榮譽的頂點，但也毫無疑問會欣然願意與大天使交換位置。

那麼，在認真審視此事之後，你將會發現，要實現自己的意志力，普通工人面臨著兩種可行的方法：第一種方法就是，他與其他工人達成一種同謀，為了自己的目的，人為地「哄抬」出售自己技術的市場價格。就是說，在技術含量沒有提升的情況下，費盡心機地抬高技術的市場價值。第二種方法，就是個體工人想方設法提升自己的技術，為自己帶來超過平均值的價值。

第二種方法似乎更吸引人。經驗表明，採取這種方法的人通常會從普通工人的行列中最終脫穎而出，因為足夠聰明的人

也具有遠見，為了獲取永恆的利益，能夠犧牲眼前的安逸。遠見是難能可貴的品格，擁有它的人幾乎都能自然而然地從社會嶄露頭角。但實際上，只有鳳毛麟角的人採納了這種方法，他們的生活也因此變得高枕無憂。大多數人都採取了第一種方法，沒有尋求提高工作效率，相反，他們試圖強迫雇主──雇主不過是其他人力的代言人或代表而已──屈從己意。換言之，為達到目的，他們試圖盡可能做最少的工作而獲得薪資，盡可能少地消耗技能和精力。

的確，普通工人，尤其是美國的普通工人，其最為顯著之處，就在於他們堅定地認為，對工作的需要是一種無法容忍的邪惡，由魔鬼般的工頭強加在他們身上。因此，他們有充分的理由想方設法去逃避。今天付出的體力要比昨天少，這成了他持久努力的目標。他們強迫社會寬恕甚至鼓勵自己的這種努力，賦予他們永久不再工作的優越待遇。如果在美國工會發起的運動史中搜尋，你就會發現，為了提高成員的工作效率，工會所付出的努力，幾乎不到 6 例。但你還會發現，為了懲罰社會，工會付出的努力有數以百萬次之多，只因為工會對工作效率產生了質疑。

所以，費了一番口舌之後，在你的教授迷宮般的數字裡，我們遇到了一個非常嚴重的障礙。他提供了一個數學方面的證據，卻忘記了心理學方面的悖論。他說，500 萬名忠誠而高效的工人可以一天工作不到 2 個小時，就能夠完成所有奧地利的工作。但他忘記了一個事實：這個國家沒有 500 萬名忠誠而高效的工人。總之，他假設工人工作 1 小時，可以完成應該 1 小

時所做的工作。他大錯特錯了，沒有考慮到無能、逃避、懶惰、醉酒和疾病問題，也沒有考慮在大量行業中，季節和天氣的變化將造成長久且難以避免的怠工，更沒有考慮工人罷工和度假勢不可擋的趨勢。他將所有的精深邏輯浪費在了一個研究純理論的人身上，這個人從未出現在陸地上或海洋裡。如果這一怪物的效率設定為 100，那麼，我想，假設將一個真正有血有肉的工人的工作效率設定為 15，沒有人會說三道四的。如果這一切成真，教授所說的每天 1 小時 22.5 分鐘的理論上的工作時間，就變成了真正的 9 小時的工作日。

　　但在此之前，你在回信中說，在社會主義之下，人們將工作看成一種愉悅；並暗示說，當前人們想方設法偷懶的現象將不復存在了。親愛的拉蒙特，如果我確信你真正固守這些觀點的話，當然就不會放棄僅有的娛樂寫信給你了。實際上，你一定非常清楚地意識到，讓今日的工人成為既不心甘情願又沒有效率的勞動者的那些劣根性，正是底層民眾的固有本性，這一點如此清晰可見，就像他們固有的迷信意識、粗魯性格、善變情感（尤其是在政治問題上）以及對痛苦的恐懼那樣，沒有任何社會巨變，無論多麼令人震驚，可以將他們一夜之間變成新人類。隨著時間的流逝，他們會變好，對此我十分確信，因為過去他們一直在慢慢改變著。但是，要想讓他們朝向高效的方向邁進，就像讓他們朝向知識的方向邁進一樣，他們總會落後於上一階層。今天的普通工人，至少在一個方面勝過摩西時代的人：他遠沒有那麼迷信。但今天的巴斯德們仍遠遠地走在普通工人的前面，就像摩西遠遠地走在那些建造金字塔的奴隸們

前面一樣。

在此，你會覺察出我自始至終反對社會主義的原因所在了。簡而言之，我認為，社會主義忽視了人類這種動物某些固有的屬性，也忽視了生物演化過程中某些永恆不變的規律。再說得明白一些，我認為，我們的進步得益於這些屬性和規律的影響，它們本應該得到宣導和遵循，而不是反對。

今天，我們每一次享受，創造這種享受之人，都想比周圍的人從生活中獲取更多的快樂。每一條偉大的真理，都幫助我們勇敢而自信地面對生活，而挖掘這些真理的哲學家都渴望比其他的哲學家更受到尊重；每一部賦予我們安全和秩序的法律，鐫寫它的人都渴望看見自己的觀點戰勝他人的觀點，就像海洋泥淖中的微生物一樣，不惜一切代價爭奪每一彈丸之地，因為正是這彈丸之地在夥伴們死亡之時維繫了自己的生存；正如每個人都會為了微茫的一點點優越感而奮鬥一樣，因為正是這種優越感讓他高人一等，可以享受更豐盛的美食，穿著更溫暖的衣服，擁有更多的休閒，享受更高的榮譽、尊敬和熱愛，當然，還有在他亡故後更令人心酸的失落感。你們社會主義者，卻對此茫然不知，說什麼「歷史唯物主義」，說卡爾‧馬克思創造了規律。但是，你們錯了，因為規律早已創造出來了，在第一批生物細胞開始為第一頓食物爭鬥的時候，它們就已經創造出來了。

這就是適者生存法則，一條無可更改的鐵律。有數以百計的計畫要完善它，社會主義僅僅是其中之一而已，而且，因為所有其他的計畫都已然失敗，所以，社會主義也定然失敗。你

孟肯給拉蒙特的第二封回信

引用那個無所事事的安迪帕羅斯來反駁我，因為他認為水車的發明將會讓所有希臘磨坊裡的奴隸變成悠閒的紳士，整日安逸悠閒地生活。但是，安迪帕羅斯錯了，像所有的希臘人一樣，他們對掌控生物界的法則一無所知。若是生活在馬爾薩斯之後，而不是比他早生活了數千年，安迪帕羅斯就會知曉水車讓麵包變得廉價了，也因此降低了死亡率，增加了希臘人的出生率，從而增加了人口。而且，這種人口增加，需要的不僅僅是麵包，它迅速地將閒置不用的磨坊經營起來，並形成了一種盈利的行當。這一過程會周而復始地延續下去。

你們社會主義者犯了幾乎同樣的錯誤。你們提議消除競爭，就因為競爭慷慨地採納了自然選擇法則，正確地對合作加以定位。按照這一計畫，你說，就會消除了目前大多數的生活風險，世界上的每個人將會享受到無以倫比的安全、和平和舒適。那麼，假如這一切夢想成真，結果會是怎樣呢？我想，首當其衝的就是人口膨脹。即使考慮到可能的人口控制，顯而易見的是，如果人類共同努力，能夠結束為維持生存而進行的奮鬥，那麼，至少在一段時期，從最低等階層到最高等階層的死亡率都會降低，而死亡率的降低將造成世界人口的迅速膨脹。

也許，如果我們假設一下，這些額外出生的人，都會承擔其世界上的分內之事，那麼，暫時一段時間內，一切仍會風平浪靜。但遲早，我認為，人類將震驚地發現，滿足人類的欲望是要受到限制的，不僅要受到人類經歷的限制，而且還要受到地球大小和資源數量的限制。就是說，在將來的某一時刻，地球上的麥田將過於狹窄相近，無法生產出人類所需的糧食。隨

著那一時刻而來的，將是對小麥的爭奪，你的社會主義國家就會消失得無影無蹤。你可以說，萬事皆有可能走入死胡同的一天，這是它們的定數。但細想之後，你就明白，這絕不是答案。我不是試圖證明，現在的社會是所有可能社會中最好的社會；我只是試圖向你表明，不可指望社會主義去改變社會。無論接受社會主義還是接受現實社會，都必須最終經歷壓力與暴雨交織的那些階段；在這些階段中，強者吞噬著弱者。雖然每個人為的法則都在尋求與時間同行，但終會轉瞬即逝。

如你指出的那樣，這一切在法國大革命之後應驗了。你似乎認為，這一事實構建了對我的觀點的批評基礎，但實際上，它反而支持了我的觀點。法國大革命，如你所知，萌芽於中世紀，當時，法國的某些公民憑藉卓越的智慧和才能，開始獲取超越他人的巨大權力。中世紀地主的後裔們繼承了他們的特權，並且將這種特權一直成功地保持下去。歷經幾個世紀之後，這種特權已被當成理所當然之事。即使貴族開始沒落，也沒有人想質疑貴族的影響力。但實際上，貴族一直在走下坡路。18世紀初，他們已變成了一群無能、無助的寄生蟲，對民眾的權力不僅仰仗他們自我的特權，還仰仗於一個恆久的事實：普通民眾厭倦思考，雖歷經磨難，卻怠於改變。路易十四時代的法國貴族昏庸無能，法國農民本可以不費吹灰之力就將他們推翻。但是，直到路易十六統治時期，在親身體驗了一系列的暴虐行為之後，在民眾的呼籲之下，法國農民才公開向皇室宣戰。

當然，這一古老的君主血統，不過是不堪一擊的對手，

勝利的平民幾乎不敢相信唾手而得的勝利。他們隨即得出結論：根本沒有所謂的貴族，貴族不過是荒唐的騙局，一切都是騙局。所以，其直接結果就是，在路易十六被處死之後，出現了幾個月的暴民專政時期。這就是社會主義的真實實驗，所有的出生、財富和等級特權都被一掃而光。每個法國公民都與其他公民平等，每個人都依據自己的實際才能和教育程度為國家服務。

那麼，這種暴民專政持續下來了嗎？根本沒有！人們不久就發現，讓平民執政，如同讓爛醉如泥的酒鬼將自己拖拽回家，又像是讓清醒之人拔掉自己的牙齒。所以這時，就需要強者來制定並實施法律，處理超出暴民理解能力之上的事務，在政黨和宗派中做出決斷 —— 這一切都發生在很短的時間內，在強者開始攀上權力巔峰、弱者跌落回腳下之時。這些強者的後裔不過是人造貴族，他們為一個嶄新的真正強者貴族所取代；而最終，這些強者貴族中的最強者統治了整個法國，乃至幾乎整個歐洲。

拿破崙·波拿巴，在舊秩序的影響之下，試圖將自己至高無上的權力在子孫後代中永恆地延續下去，但他忽視了一個若想融入世界必須要有的新觀點，那就是，貴族必須不斷地為自己的生存找出合理的理由。換言之，將當前的權力轉化為永恆的權利，必須沒有人為因素的干擾。這條道路，必須隨時為那些從底層誕生的強者打開，也必須永遠為那些喪失權力想自覺退出的人開放。我們美國政府階層，在一定程度上滿足了一個健全貴族階層的要求。就是說，只要它一日在位，它就是專制

政權，但它必須證明自己有權進行統治。我相信，在將來的某一天，會出現一位強者，在他的有生之年，足以掌控這些至高無上的權力，就像現在墨西哥的迪亞斯[41]先生。在商業部門，有許多這樣的人，我想，詹姆斯·傑羅姆·希爾[42]先生，能夠將自己的巨大權力一直保持到去世，因為在他的有生之年，他不會遇到一個能將自己的權力奪走的能力超強的對手。但是，無論多麼強大，在他去世之後，他也無法保證自己的後代不會昏庸無能。貴族，這一詞彙，對美國人而言，總帶有歐洲貴族的意味，伴隨著在政府事務中獨特的頭銜制度和特權。但還有其他種類的貴族，而且貴族，就其本質來說，絕不預示著你享有貴族的專權以及在上議院的座位。事實上，我已經表明，這些事情都不是成為真正貴族的證據，而只是證明了古老的人為貴族，雖然權力在不斷被削減，但仍在一些國家苟延殘喘。貴族，雖然擁有社會地位和政府影響力，但絕不是無所不能的。他們在自己的領域構築了第一階層，但在其他領域，他們也許就等同於奴隸。

　　法國的百科全書編纂者，激勵法國農民謀殺了舊式貴族，擊碎了一場騙局，為世界作出了貢獻。但與此同時，他們又上演了一場新騙局，用以代替舊騙局。這場新騙局就是這一理論：在主的面前，所有人都平等。伏爾泰、狄德羅以及其他所

41　胡塞·德·拉·克魯斯·波費里奧·迪亞斯·莫里（José de la Cruz Porfirio Díaz Mori, 1830-1915），墨西哥總統、獨裁者，1876 年至 1911 年在位。

42　詹姆斯·傑羅姆·希爾（James Jerome Hill, 1838-1916），加拿大裔美國鐵路建築家、金融家。

孟肯給拉蒙特的第二封回信

謂的唯物主義者，我毫不懷疑，他們在說到自己不能接受荒唐的基督教理論時，都是真誠的；但同時，無論是公開地還是隱祕地，他們都接受了基督教理論的核心觀點：人人都是有靈魂的。的確，他們整個哲學思想都基於對靈魂神聖性的信念。他們認為，每個人都有靈魂，每個靈魂都具有無限的神聖性，每個人的靈魂都是向善的。以這一信念為根基，他們建立了人類平等的理論。

這些人大膽，有創新能力，但如我在其他地方所指出的那樣，他們的無知成為了他們巨大的障礙。他們可以任意取笑基督教，但最終卻不得不承認，自己不能反駁基督教，因為自己只生活了短暫的百年時光。如果他們生在查爾斯·達爾文之後，而不是之前，那麼，他們就不再會受到這種神人同形同性論的影響，這種觀念讓他們縱然有強大的思維能力，其思想也勢必受到歪曲。在達爾文之前，對任何人而言，都會不假思索地認為，基督教的根本觀點只是缺乏證據。但在達爾文的驚世傑作問世之後，一種全新的看待世界的觀點誕生了，它第一次讓人類以一種有序的方式探索世界的奧祕，也讓任何人都可能質疑基督教，質疑它不但不合情理，而且實際上如天方夜譚。

我涉獵對基督教的討論絕非偶然，而是有意而為之，因為在我看來，作為實現文明的計畫，基督教和社會主義都有類似之處。你們社會主義者稱自己為不可知論者，但卻支持基督教理論的基本教義：所有人都是上帝的孩子，在上帝的眼中都是平等的。你們仍然提倡基督教道德的重要誡命：人人都應愛鄰如己。而我反對社會主義，與我反對基督教的理由也一樣：基

督教起步於一個匪夷所思的假設，終止於一條任何人 —— 只要他還屬於人類的話 —— 根本無法遵守的誡命。基督教是不現實的，根據這一事實：世界從未關注過一個真正的基督教徒，就已經表明了這一點。即使耶穌本人都未能恪守誡命，因為有充分的證據表明，無論他對人類的博愛如何，他都對寺廟裡的貨幣兌換商存在著強烈的人類特有的厭惡，他也屈從了這種厭惡情緒，試圖懲罰他們。如基督教一樣，社會主義理論與人之本性之間有著不可調和的矛盾，社會主義也承受到了其中之苦。的確，每個來到這個世界的人，都具有本能，像基督教一樣，社會主義也譴責這種本能為罪惡。然而，所有的道德學家終究會驚恐地發現，發現罪惡和譴責罪惡是一件事，而消滅罪惡卻必須另當別論。

這封信本來就很長了，所以，幾乎沒有篇幅討論你那一大堆關於剩餘價值和其他社會主義稻草人的資料。你所要設法證明的就是，在當前的自由競爭之下，借助於高效的機器，我們美國人生產出來的東西超出了我們的使用能力。那麼，這值得悲哀嗎？在我看來，這絕不值得悲哀，恰恰相反，反而似乎值得慶祝，因為它就是一個不容置疑的證據：在某種程度上，我們美國人比某些種族要更勝一籌。隨著我們生產能力高歌猛進，在生活必需品方面，其他種族會更依賴於我們，並最終成為我們的奴隸。就是說，從現實角度而言，其他種族付出的全部心血都用來為我們賺錢了，透過購買他們需要我們購買的產品，為我們自己賺錢。

你可以說，這種事永遠不會發生，因為關稅壁壘和民族自

豪感永遠擋在其間。如果那是你的答案，建議你回去翻翻歷史書，看看當一個強壯、富有的國家為其過剩產品尋找出路時，民族自豪感和關稅壁壘的機遇如何了。如果貧窮落後的國家沒有立刻且毫無抵抗地打開大門並購買產品，如中國最近的所做所為，那麼，他們就需要用刀劍逼迫。而有些國家卻是為了保障未來的友好關係，而甘願淪為附屬國的，印度的情況就是如此。按你所言，如果德國正在顯示超一流的生產力這一情況是真實的，那麼，我可以斗膽預言：德國終有一日會征服英國，因為基督教的多愁善感，伴隨著它嬌生慣養出來的無能和寄生性，已經將整個英國的社會結構全盤腐蝕了。

美國鋼鐵公司的利潤超出了它支付工人薪資的數額，你給出的這方面證據非常有趣，但遠遠不能預示什麼。你似乎將鋼鐵公司看成了神祕而龐大的食人惡魔，吸食著人們的血汗，卻根本不為人做一丁點好事。事實上，美國鋼鐵公司根本就不是惡魔，而是一群如你我一樣的人類，其中的很多人屬於你會為他們的錯誤抱憾不已的那個階級。換言之，這家公司大部分的股票為其雇員所擁有，他們付出的勞動因此獲得了雙份收益，一份來自薪資，一份來自利潤。沒有任何法律阻止雇員購買更多的股票。你自己必須承認，通常情況下，工人有充足的薪資維持生存，而且還會因此在年終歲末時有餘錢進行投資。他為什麼不用這筆餘錢購買股票呢？好吧，在很多情況下，他會購買股票。但在有些情況下，他會將錢用在父母的蠟筆畫上，或者用在啤酒桶上。總之，他是個無知且目光短淺的傢伙然而，你還會要為他犯下的錯誤而哭泣。

這部分鋼鐵公司利潤流向了富人，這毫無疑問。正是這部分利潤，你認為對人類構成了最大威脅；其實，它並沒有在世界上消失不見，因為富人與窮人一樣，終有一死。即使他們活著，不管情願不情願，他們大多數因此獲取的錢通常要返回來。

共和國將大量薪資投入到不能立竿見影獲得收益的大企業中，用於促進文化和文明的發展，比如說建圖書館和博物館，豎紀念碑，清潔城市，系統地進行高水準的科學（尤其是醫學）研究；這是事情都是不可能的，因為普通人以及他們選舉的代表，對人類的歷史完全一無所知，看不見做這些事情的意義，看到的只是徒有其表的虛榮。

看，這就是貪婪的富人對社會的回報。他們知道這些公司的巨大利益，他們的金錢也會隨之投入到它們身上。以這種方式，普通人從必須向那些具有傑出創造力和遠見的富人所交的賦稅中獲取利潤；以這種方式，洛克斐勒先生將獲取的不義之財支付給了洛克斐勒大學，而洛克斐勒大學又從其帳戶裡撥出一筆定額費用用於研究腦脊髓膜炎。在我看來，在這一古老的星球消失在空中之前，對於人類而言，這筆定額投入的價值，比上百個洛克斐勒終生集聚的債券價值都要珍貴百萬倍。

你似乎認為，一旦某位富人賺了一筆錢，就意味著所有人要永遠丟失一筆錢，這真是大錯特錯了。無論卡內基在不在世，不用多長時間，數以百萬的卡內基就會回到公眾身邊。因此，也許幾百年後，在世界上就不會存在一個與卡內基有血緣關係的富人了。喬治·華盛頓去世時，他是新世界的首富。然

孟肯給拉蒙特的第二封回信

而今天，華盛頓家族的族長只是一個彈丸小鎮的小藥商。說真的，他的整個家族融入常人之中的速度竟然如此迅捷，以至於只有鳳毛麟角的美國人才聽說過這位族長的名字。

這就是演化的規律，它循環往復發生作用，其結果就是有人得到了，有人失去了。無論你怎麼反對它，至少你必須承認，它促進了人類的進步。無論你怎麼反對它，你永遠不希望將它束之高閣。所以，親愛的拉蒙特，我必須再一次拒絕你誠摯的邀請去改口稱呼你為同志。

你真誠的

孟肯

拉蒙特的第三封來信

拉蒙特的第三封來信

親愛的孟肯：

　　非常高興接到你饒有趣味的回信，本想迫不及待地慶祝你從狹隘的慣性思維的脆弱中解放出來，但我遺憾地看到，你未老先衰了。丁尼生[43]在你這個年齡時，

吾曾探究未來，憑眼極力遠眺，
望見世界之遠景，望見將會出現之種種奇蹟；
看到空中貿易不斷，玄妙之航隊穿梭往來，
駕紫色暮靄之飛行者紛紛降落，攜帶昂貴之貨品；
聽到天上充滿吶喊聲，交戰各國之艦隊在藍天中央廝殺，
降下一陣可怖之露水；
同時，在遍及全世界之和煦南風奏響之颯颯聲中，
在雷電之轟鳴聲中，各民族之軍旗勇往直前；
直到鳴金收兵，直到戰旗息偃，
息偃在全人類之議會裡，在全世界之聯邦裡。
在那裡，在那裡，大多數人的共識得以奉行
地球悄悄安睡，大家遵守同一法律。（胡適譯—譯者注）

　　現在，你應該擁有崇高的樂觀主義精神，它是你青春思想的榮光。40年後，直到老態龍鍾之時，丁尼生才為同樣困擾了你的靈魂的那個怪物所驚嚇——馬爾薩斯的人口過剩論。但在當時，他也曾半信半疑；他之所以改變觀點，在於他快速而

43　丁尼生（Alfred Tennyson, 1809-1892），英國詩人，生於林肯郡薩默斯比，就學於劍橋大學。他的主要詩歌成就是悼念友人哈勒姆（A. Hallam）的哀歌《悼念》（*In Memoriam*, 1850），其他重要詩作有《尤利西斯》（*Ulysses*）、《伊諾克‧阿登》（*Enoch Arden*）、《過沙洲》（*Crossing the Bar*）、《悼念集》（*In Memoriam*）等。1850年11月19日，丁尼生被英國授予桂冠詩人。

至的老年昏瞶。因為他告訴我們：

佟忽老已至，思緒入昏黃，
已現白髮蒼蒼。
暴風驟雨初停，
青蔥容顏依舊？
癲狂、屠殺、紅色恐怖、大革命，
天神發威，領引何處，我怎知？
制度、王朝、共和，機關算盡終成空。
仁慈、神聖，人人為我，我為人人？
一切睿智、愚昧之族，莫不為正義、愛、真理所引導。
青春獨領風騷，萬物終歸一？
科學戰勝疾病，再無跛足、失聰、目盲。
強大，來自羸弱貪婪之軀、有遠見之思想？
地球，終成無戰爭紛擾之世界，一個民族，一種聲音
見其漸漸遠行，是否它已韶華不再？
餓虎之顛妄，已停；毒蛇之張狂，已滅。
荒谷成花園，沙漠蛻變綠洲。
她笑看，普天下豐碩之果遍及南北兩冥：
四海之內，每一小嶼之戰爭鉛痕已盡洗。
戰爭已去？等她的子民成百上千萬之時，
盈盈碩果卻無容身之所─誰在乎畏戰之人？
戰爭已去？戰爭終會亡。它會永遠消亡？是遲還是早？
這個負贅累累的地球，亦如當初滅絕之寰宇，在劫難逃？

但是，雖然你的人口過剩論如噩夢一般，而且你擔心我們
社會主義者在盲目之中「從最低等階層到最高等階層的死亡率

都會降低，而死亡率的降低將造成世界人口的迅速膨脹。」你對科學家及其資本家的金主極盡溢美之詞，因為他們發現了減少人口死亡率的靈丹妙藥，而其實你卻對此不勝驚恐！

「巴斯德為這個世界所做的工作，」你告訴我們，「讓時鐘向前撥快了 100 年，對整個人類，無論是自由人還是奴隸，無論是現在還是將來，謀取了永恆且持久的福祉，其價值會隨歲月的更迭日益成長。」顯然，說出這些沒有頭腦的表揚，你的良心都坐立不安。在第二封信裡，你更是得寸進尺，告訴我們，洛克斐勒大學「又從其帳戶裡撥出一筆定額費用用於研究腦脊髓膜炎。在我看來，已與人類兩清了。」你還補充說：「在這一古老的星球消失在空中之前，對於人類而言，這筆定額投入的價值，比上百個洛克斐勒終生集聚的債券價值都要珍貴百萬倍。」

如果你氣量狹小，而且固執而不知變通，我都會以為你要利用自己的影響力勸誘迪亞茲先生 —— 你告訴我，他總有一天會成為獨裁者 —— 對那些給予暴民這些發明福利的醫生判處死刑。但我熟悉你的為人，我知道，雖然你對這些刁民惡語相向，但當一個可憐的印刷工因患上狂犬病而有生命之憂時，你會第一個從自己的口袋裡掏錢幫助他，並將送他到附近的巴斯德研究院。

談到巴斯德，我想起了一件事。你擔心社會主義發展到兩代人之後，將不會再有巴斯德了。那些想成為巴斯德的孩子，多少人有可能呢？若不是命運垂青，富有的契馬布埃[44] 就不會

44　契馬布埃（Giovanni Cimabue, 1240-1302），義大利佛羅倫斯最早的畫家之

碰巧路過時向貧窮的小羊倌喬托[45]身後望去，而這不經意間的一望，讓他恰好看見了喬托在地上畫的一隻羊。契馬布埃把喬托帶到了佛羅倫斯，也才有了今日大放異彩的喬托。你認為，有多少與喬托畫得一樣好的孩子契馬布埃會看不到呢？你斷言巴斯德會讓我們失望，這種說法不但令我震驚，而且讓我困惑不解。首先，你一定認為，有才能的人或者那些天才，為了維繫生存，必須要進行艱苦的奮鬥，這是培養才能或天才的必要條件。其次，你或許認為，每個人都需要進行必要的創造性工作。諸此兩種想法，都會阻止人們投入必要的時間奉獻科學。

對於第一點，提起萊斯特・法蘭克・沃德[46]——美國唯一本土培養出來的社會學家（不算已去世的路易斯・亨利・摩爾根[47]）時，歐洲大陸的學者總是滿懷敬意——他在《應用社會學》（*Applied Sociology*）中告訴我們：「屬於富有階層的菁英人

一。他原為鑲嵌畫匠，相傳為喬托的老師。所作《聖母和天使》、《聖母和聖・佛蘭西斯》等，具有拜占庭繪畫末期風格，又帶有一些情味，對義大利文藝復興時期的藝術，具有前奏的意義。

45　喬托（Giotto di Bondone, 約 1267-1337），義大利畫家與建築師，被認為是義大利文藝復興時期的開創者，被譽為「歐洲繪畫之父」和「西方繪畫之父」。

46　萊斯特・法蘭克・沃德（Lester Frank Ward, 1841-1913），美國社會學家、植物學家和古生物學家。

47　路易士・亨利・摩爾根（Lewis Henry Morgan, 1818-1881），美國人類學家和社會理論家。最廣為人知的是他討論親屬和社會結構的作品、社會演化理論。他的社會理論影響了後來的左派理論家。摩爾根是唯一受到查理斯・達爾文、卡爾・馬克思和西格蒙德・佛洛伊德所引用的美國社會理論家。代表作：《古代社會》、《易洛魁聯盟》、《人類家庭的親屬制度》等。

數，要比屬於貧苦勞動階層的菁英人數多了差不多 10 倍，儘管後者的人數幾乎是前者的 5 倍。對於具有同等才能之人，前者成功的機會更是後者的 55 倍。毋庸諱言，在極端情況下，這種差別會更加明顯。處於絕對貧困中的人或長期不間斷勞作的人，成功的機會為零，無論這個人天生的才幹如何，哪怕是天才也不例外。貧窮是取得成就的天然障礙。此外，消除貧困，減少勞動時間，保障其成員舒適和穩定的經濟關係，會極大增加社會財富。在達成這些目標的過程中，社會付出的犧牲，會得到實際回報。因為社會做出的這些犧牲，讓數以千萬的人受益，其中的社會菁英就會為社會福利做出貢獻。社會菁英，在眾多普通人和少數富有階層中的比例分布是均衡的，富有階層做出貢獻更多的唯一理由，就是因為他們經濟條件好，這為他們提供了更多的機遇。」（第 228 頁）[48]

他例舉了一個有才華之人無需為生存而奮鬥的例子，如塔索、佩脫拉克、薄伽丘、塞凡提斯、但丁、喬叟、黑格爾、費希特、康德、巴克爾、培根、密爾頓、霍布斯、伽利略、亞當斯密、哈威、達爾文、牛頓、笛卡爾、拜倫、雪萊、麥考利、孔德、赫伯特·斯賓塞、吉本、迪斯雷利、羅伯特·白朗寧、約翰·羅斯金、維克多·雨果等。[49]

---

48 萊斯特·沃德的數字來源於奧丁教授（艾爾弗雷德·奧丁，Alfred Odin）具有里程碑意義的作品《偉人是怎樣煉成的》（*Genese des grands hommes*），巴黎，1895 年，第一冊，第 529 頁）

49 沃德的這個名單來源於查爾斯·庫利（Chareles H. Cooley）的〈天才、榮譽和種族比較〉（*Genius, Fame, and the Comparison of Races*），《美國政治和社會科學年報》（*Annals of the Am. Acad. Pol and Soc. Science*），費城，第

4 期，1897 年 5 月，第 317-358 頁

塔索（Torquato Tasso, 1544-1595），義大利詩人。代表作：《里納爾多》（*Rinaldo*）、《阿敏塔》（*Aminta*）、《被解放的耶路撒冷》（*La Gerusalemme liberata*）等。

佩脫拉克（Francesco Petrarca, 1304-1374），義大利學者、詩人，文藝復興第一個人文主義者，被譽為「人文主義之父」。

喬萬尼‧薄伽丘（Giovanni Boccaccio, 1313-1375），文藝復興時期的義大利作家、詩人。代表作：《十日談》（*Decameron*）、《菲洛柯洛》、《似真似幻的愛情》、《愛情十三問》等。

米格爾‧德‧塞凡提斯‧薩維德拉（Miguel de Cervantes Saavedra, 1547-1616），西班牙小說家、劇作家、詩人。代表作：《唐吉訶德》、《訓誡小說集》、《伽拉泰亞》、《帕爾納索斯山之旅》等。

約翰‧戈特利布‧費希特（Johann Gottlieb Fichte, 1762-1814），德國哲學家。德國唯心主義哲學奠基人之一。代表作：《全部知識學的基礎》、《自然法權基礎》、《倫理學體系》、《論人的使命》等。

伊曼努爾‧康德（Immanuel Kant, 1724-1804），德國著名哲學家，德國古典哲學創始人。其學說深深影響近代西方哲學，並開啟了德國唯心主義和康德義務主意等諸多流派。代表作：《純粹理性批判》（*Kritik der reinen Vernunft*）、《道德形而上學》（*Grundlegung zur Metaphysik der Sitten*）、《實用人類學》等。

亨利‧湯瑪斯‧巴克爾（Henry Thomas Buckle, 1821-1861），英國著名的實證主義史家，被稱為「科學史之父」，代表作：《英國文明史》等。

湯瑪斯‧霍布斯（Thomas Hobbes, 1588-1679），英國哲學家，創立了機械唯物主義的完整體系。代表作：《利維坦》等。

哈威（William Harvey, 1578-1657），英國醫生、解剖學家，實驗生理學的創始人之一，血液循環的發現者。

湯瑪斯‧巴賓頓‧麥考利（Thomas Babington Macaulay, 1800-1859），英國詩人、歷史學家、作家和政治家。

孔德（Comte, 1798-1857），法國數學家、哲學家。社會學、實證主義的創始人。代表作：《實證政治體系》等。

拉蒙特的第三封來信

　　至於第二點，一兩個小時的生產勞動，就可以讓我們的博學之士鍛鍊出強壯的身體，從而保證他們的腦力勞動。如果他們對真實的生活有了切身體驗，會讓他們的研究對人類更有裨益。

　　你那人口過剩的妖怪，難道比幽靈意義更重大嗎？我不會肯定地說其意義重大與否，但我有信心說，有一座橋赫然開闊地擺在面前，我們不必用心準備就可以跨越過去，而其中潛在危險卻是極其遙遠的。我這麼說的理由是什麼呢？將一對鱈魚一年產子的數量，與一對兔子在同樣時間內產子的數量進行比較，然後以同樣的方法比較一下兔子與更高級的猩猩、大象或人類，你會發現什麼呢？物種越高級，人口成長率就越低，對不對？再比較一下不同種族和不同階層的人，難道你沒發現，諸如法國那樣高度文明的國家，卻有著極低的人口成長率？如果你去澳大利亞和紐西蘭，那裡的人均生活水準是世界上最高的，可你會發現他們的出生率幾乎跟法國一樣低。我清楚地記得，在這一問題上，紐西蘭《時代週報》那位能幹的編輯凱利先生與我們的羅斯福一樣，都好危言聳聽，很少讓一天順順利利地過去而不發表警示類的文章。但是他的警告往往如泥牛入海，因為人們就像愛爾蘭和匈牙利的農民一樣，即使大量繁殖也可養尊處優地生活。歷史事實就是，我親愛的孟肯先生，舒

吉本（Edward Gibbon, 1737-1794），英國傑出的歷史學家、作家和政治家，影響深遠的史學名著《羅馬帝國衰亡史》一書的作者，18 世紀歐洲啟蒙時代史學的卓越代表。

迪斯雷利（Benjamin Disraeli, 1804-1881），英國政治家、作家，曾兩次擔任英國首相。

適生活和教育會降低出生率，社會主義將會給予所有人舒適的生活和教育。當然，你自己也能得出這一結論。

化學和集約型農業提供了無可限量的糧食供應，因此注定讓我們可以藐視馬爾薩斯。吉福德·平肖[50]先生，在最近登載在《太陽報》上的一篇文章中談到，現在存在著一定數量的浪費，這本來是可預防的；但即使阻止了這種浪費，也很難說它對維持人口生存能力的成長有多麼龐大的作用。

我有許多事情想告訴你，所以，不願意將所有的篇幅和時間都用於評論你的觀點。但在認可你的假設之前，我必須強調，許多奧地利工人現在變成了醉鬼，既懶惰又無能，因此，赫茨爾教授假想中的 500 萬人在未來也會遭受同樣的詛咒。你真以為他們會如你所說的那樣嗎？對於普通的奧地利工人而言，有什麼希望可言嗎？除了懶惰和酗酒之外，還有其他刺激嗎？奧地利工人有巨大的潛力讓工作變得高效起來，對於這一點，我篤信不疑；我之所以有如此堅定的信念，在於工人有意識，有人格，足以對現在的工作環境表達不滿，他的懶惰、無能和酗酒很可能是他表達不滿的最好佐證；此外，他還有對人類的滿腔希望。

你聲稱我鄙視弗里德里希·尼采，這絕非坦率之言，而且令我心痛。我確信你不會如此無知，因為在 1908 年 7 月發表的《國際社會主義評論》（*International Socialist Review*）中，我從一名社會主義者的角度對所有的社會主義者說道：

---

50 吉福德·平肖（Gifford Pinchot, 1865-1946），美國林業學家和政治家。

拉蒙特的第三封來信

「我不明白，以何種方式，以何種行為，我們中的任何一個人才能情不自禁地認為尼采，這位毋庸置疑的超人先知，是我們的同志，儘管我們禁不住感嘆，尼采的理想包含了太多的痛苦和對人性的剝削，他的超人在榮耀和酒神般的快樂中駕馭著牧群和賤民。」

我認為，我說的這段話決不是一種藐視。

你說我們社會主義者「提議消除競爭」；後來，在同一封信裡，你又承認希爾先生在鐵路方面卓有成效地消除了競爭，「他能夠將自己的巨大權力一直保持到去世。」我們社會主義者如何消滅資本主義早已消滅的事情呢？

你說我們社會主義者「仍然提倡基督教道德的重要誡命：人人都應愛鄰如己。」對此，我無法置之不理。事實恰恰相反，我們最為清楚不過的是，在一個建立在以利潤為商品生產目的的社會裡，它唯一切實可行的倫理就是由尖牙、利齒和利爪組成的森林法則。但事實上，即使耶穌本人也不能實踐這個黃金法則。你表明這一點，只會強化我們社會主義者的論據。我們知道，倫理是相對的，而且在不斷變化著，經濟發展的每一階段都有其獨特的倫理觀念。我們是革命者，相信社會革命建立的經濟基礎，會讓所有人如同呼吸一樣自然而然地踐行黃金法則，卻幾乎不必考慮職責。

對不起，我必須再一次重複，就剩餘價值存在的本質，我從未提出過任何道德上的論點。我不代表鋼鐵公司，那一「神祕而龐大的食人惡魔，吸食著人們的血汗，卻根本不為人做一丁點好事。」但是，我將根據鋼鐵公司的數字，盡可能證明你

和馬婁克[51]所稱的「能力」已從市場獲得了最大的回報；而且，單從擁有權方面的利潤而言，就已遠遠超出了肌肉和「能力」獲取的薪資。這種由薪資所代表的超出購買力的過度生產，讓社會革命勢在必行。

既然你提出了建議，我莫不如順了你的心意，承認從所有權獲取利潤卻不必提供服務的行為，可以名副其實地稱為「吸食著人們的血汗。」

你告訴我鋼鐵信託的職員一切安好，因為他們有機會成為信託公司為數不多的股東。對此，我不禁莞爾一笑。問一下伊利鐵路公司那些為數不多的股東，當傑伊·古爾德[52]控制公司的時候，這種股東特權價值如何呢？或者，如果剛才提到的是陳年老帳了，那麼，就問一下哈里曼[53]當權期間芝加哥和奧爾頓的那些為數不多的股東吧。當前的經濟形勢，出現了一個顯著現象：股票公司，成為了迄今為止創造出來的最行之有效的盈利手段，可以將中產階級和勞動階層的儲蓄轉入金融大老們的口袋。

當你說富人們最終會將從社會獲取的財富回報給社會時，你忘記了真正龐大的財富必須每年重新創造，不可能「最終」回報社會。財富的物質特徵禁止它這麼做。進一步講，有智慧的勞動者（這是對社會主義者或革命者的另外一種稱呼）既不

---

51 馬婁克（William Hurrell Mallock, 1849-1923），英國小說家和經濟學作家。

52 傑伊·古爾德（Jay Gould, 1836-1892），美國重要的鐵路開發商和投機商。

53 威廉·埃夫里爾·哈里曼（William Averell Harriman, 1891-1986），美國政治家、企業家。

會允許也不會期望他們回報，只會毅然決然地阻止富人從自己每年的生產和再生產中獅子大開口，獲取高額的財富。

實際上，這些巨大財富所包含的還有法律文書，它們給予擁有者權力，可以迫使其他人為自己工作。就財富而言，像阿斯特家族[54]、范德比爾特家族[55]以及英國大地主的財富，都依賴權力一代代地傳下來。所以，沒有正常人會期望有一天，洛克斐勒家族的族長會一文不名，只是「一個彈丸小鎮的小藥商」——除非他碰巧喜歡這一合作共同體中的職業。如果那成為了事實，我會坦然地向你承諾，沒有任何社會主義者對他說三道四，絕對沒有。

如果你仔細讀了我之前的信，我希望你原諒我，因為迄今為止我還沒有在這封信裡提及我必須要寫的內容。現在，我樂意進入更富有成效的領域，但，天哪，我還不能，因為我還沒觸及你善意的暗示：如果你確信我百分百地認為「在社會主義之下，」（順便說一下，社會主義不是一把保護傘，也不是一層保護膜），「人們將工作當成一種愉悅，」而且「當前人們想方設法偷懶的現象將不復存在了，」那麼，你就會拒絕百忙之中分身與我通信了。

看到這種通信中斷了，雖然我感覺遺憾——遺憾之至，但我不得不向你保證，我期待工作變成一種愉悅，對此我持樂

---

54 阿斯特家族（the Astors）祖籍義大利，後定居德國，家族勢力涉及商業、社會和政治等各領域。

55 范德比爾特家族（the Vanderbilts），荷蘭裔的美國家庭，曾是美國鍍金時代最富有的家族，以航運和鐵路起家。

觀態度，不，我堅持認為，所有值得做的工作總會給工人帶來樂趣。我的確期望，在「一切都好得不能再好」的日子裡，工人擔心受到偷懶的指責，比今天的婦女擔心受到不貞的指責還要強烈。然而，雖然我堅定地認為，合適的工作將給予一個正常人樂趣，但我卻甘願認同威廉‧莫里斯的觀點：「無論工作存在何等樂趣，一切工作中定然存在著痛苦，野獸一般的痛苦，攪動我們昏昏欲睡的神經，讓我們不得不採取行動。此外，還有野獸一般的恐懼，恐懼變革，因為現在一切處於安然無恙的狀態。」現在，恕我冒昧，煩請你勞神讀一下資料。如果你讀過威廉‧莫里斯的演說〈有用功與無用功〉（*Useful Work versus Useless Toil*），就會更好地理解社會主義者在此問題上的觀點，而不必讓我在篇幅有限的信裡向你解釋了。這篇演講收錄在由朗文格林公司（Longmans, Green & Company）出版《變革的跡象》（*Signs of Change*）卷。

威廉‧莫里斯分析說：

「有兩種工作，一種好的，一種壞的。一種與賜福相鄰，點亮生活；另一種就是詛咒，變成了生活的負擔。

那麼，它們之間的區別是什麼呢？那就是，一個讓人看見了希望，另一個讓人看見了絕望。人要麼只做一種工作，要麼拒絕做另一種工作。

當希望存在於工作中時，希望的本質到底是什麼，值得人們為它去工作？

希望是三倍疊加的統一體：對休息的希望、對產品的希望和對愉悅的希望，都存於工作本身。這些希望既豐滿又精美；

休息，換得充實愜意，心滿意足；產品，只要不是傻子或自虐者，就懂得擁有；愉悅，只要在工作，所有人都能意識到它的存在。希望，不僅是一種習慣，一旦失去了它，就如同彈奏者失去了琴弦。」

威廉·莫里斯認為，工作中的愉悅來臨時，會讓像你這樣的人感覺震驚。他還補充道：

「對工作的希望存在於工作本身；然而，對有些讀者 —— 大多數讀者 —— 而言，希望似乎是多麼陌生啊！然而，我認為，對於一切生物，在他們消耗精力之時都存有一種愉悅，即使是野獸，也會為自己身體的柔軟、強壯和動作的迅捷而欣喜。一位勞動者，正在生產自認為會生存下來的某件東西，只是因為這是他生產的，他就想要它存活下來，那麼，他殫精竭慮所耗費的，就是他的思想、靈魂和體力。工作中，記憶和想像力會助他一臂之力。不僅僅是自己的思想，還有那些過去的思想，也會引導他的雙手。作為人類社會的一部分，他在創造。如果因為工作，我們才成為人類，那麼，我們的日子是快樂的，而且是不平凡的。」

一旦科學征服了自然，我會與你一道歡欣鼓舞，但我贊同莫里斯的觀點：「只有當工作成為我們生活中的樂趣時，才是對大自然最終的征服。」我還贊同莫里斯的另一個觀點：「但願存在一種不令人反感的工作，無論因為它時間短，還是因為它重複率低，還是因為從事這項工作的人認為它能給予自己特別的成就感（及由此帶來的榮譽），—— 假如存在一種工作，不對工人造成折磨，」那麼，最好對它「置之不理，」「這種工作

的產物與其價值名不副實。」

　　但你會繼續辯解說，我「一定非常清楚地意識到，讓今日的工人成為既不心甘情願又沒有效率的勞動者的那些劣根性，正是底層民眾的固有本性。」而我卻沒有意識到這類事情，我意識到的是，在自然狀態下，幾乎所有人都對沒有希望的勞作存在無法根除的仇恨，即使在你所謂的高層社會的人身上，這種仇恨也根本從未根除過。而且，在你所謂的低層社會的人身上，多少個世紀以來的束縛已經讓沒有希望的勞作成為一種習慣，一旦失去它，他們「如同彈奏者失去了琴弦。」

　　確切地說，正是在工人階級（你將他們稱為「下層社會的人」）身上，為工作而工作成為了一種名副其實的神經性疾病，我們所面臨的任務，就是治癒這種無產階級疾病，它對工作存在病態且腐朽的欲望。

　　在鼎盛時期的羅馬和希臘，自由民對工作的仇恨值得稱道。「我無法確認，」希羅多德[56]說：「希臘人是否從埃及人那裡獲取了對工作的藐視態度，因為我發現同一種態度，也存在於色雷斯人、斯基泰人、波斯人和呂底亞人身上。總之，在大多數野蠻人當中，那些學習機械化技術的人，甚至他們的孩子，都被當成市民中最卑微的階層。所有的希臘人，都是在這種哲學思想下培養的，尤其是古代的斯巴達人。」

　　「大自然，」柏拉圖在其偉大的《理想國》（第五卷）中說道，「不會創造鞋匠或工匠。這些職業貶低了從事這些行當的

56　希羅多德（Herodotus, 約西元前 484- 約西元前 425），希臘歷史學家，有「歷史之父」之稱，代表作：《歷史》等。

人。邪惡的唯利是圖者，無名的可憐蟲，正是因其本身的狀況而被剝奪了政治權利。對於靠撒謊和欺騙賴以為生的商人，他們在城市中的存在，只是一種必需的罪惡。那些從事商業經營的市民，是在貶低自己，並將因此受到指控。如果判其有罪，他將入獄一年；如若再犯，刑法加倍。」

色諾芬在其《經濟論》（*Economics*）中寫道：「甘心從事體力勞動的人，永不擢升至公職；這種作法合情合理。他們中的大多數人，終日無所事事，有些人甚至甘願一直忍受炙熱的烘烤，因此，他們的身體注定要發生改變，而且思想上的改變也難以避免。」

「店鋪經營中能獲得什麼榮耀呢？」西塞羅問道。「商業能產生什麼樣的榮譽呢？任何稱為店鋪的東西，都與尊貴之人不相匹配。商人不撒謊，就毫無利潤可言，還有比虛偽更為可恥的事情嗎？另外，有些人從事的行業，我們認為是卑賤和邪惡的，因為他們出賣了自己的勞作和辛苦。無論付出的勞動是什麼，只要是為了金錢，他就是在出賣自己，自降身分，並終將被貶入奴隸階層。」

保羅・拉法格[57]也從經典著作中收集了大量類似的名言警句，我看沒有必要在此一一羅列了，我只是為了向你表明，你認為低層社會的人具有的獨特屬性，實際上也為古希臘和羅馬高層社會的人所享有，今天的歐洲人和美洲人亦有此特徵。但我承認不該用「高層」和「低層」來區分人類。我不認識高層社

---

57 保羅・拉法格（Paul Lafargue, 1842-1911），法國馬克思社會主義記者、文學評論家和政治作家。法國工人黨創始人之一。

會的人，也不認識低層社會的人，只認識那些有機會過人類生活的人，還有那些受到詛咒注定過牛馬不如的生活的人。如果「低層」這一字眼可以恰如其分地用於描繪某一類人，那麼，它確定無疑指的是那些可憐的上層社會的人，他們自斷於普通大眾。在他們的心裡，寬厚的人類同情、兄弟之情和團結意識、種族合一的思想，要不是萎縮就是死去，因為在與形形色色的人類打交道時，他們無法跳出狹隘的社會圈子，只能遵守你們的主人尼采的偉大號令：「要強硬起來！」

毋庸置疑，你會將義大利軍隊中的普通士兵歸類為「低層社會的人」。讓我們根據他們的行動判斷一下他們吧。墨西拿[58]地震剛過不久，紐約的《太陽報》就將其駐倫敦的記者派到現場，該記者的信（我所讀過的最精彩的一篇報導）發表在了1909 年 1 月 17 日一期中。

「星期一清晨，我在此停留了半個小時，」他寫道，「目睹了已經持續了 48 個小時的救援行動中最激動人心的一幕。在加里波大街上，大劇院旁的廢墟有 40 英尺高。星期六早晨，救援隊在持續不斷的喊著『有人嗎？』，終於在深深的廢墟中傳來了微弱的回聲。原來的建築非常結實，是六層的漿石結構，毀壞得非常厲害，像一塊房子大的石頭從天空掉下來，落地翻滾後的樣子。在它的下面，似乎任何生物都無法生存下來，因為從現場來看，它巨大的牆體、花崗岩石塊已成齏粉，木頭也都變成粉屑。

58　墨西拿（Messina），義大利西西里東北部的歷史名城和海港。

但是，那叫聲的確是人發出來的，於是，50 名救援人員開始搜尋。他們在聲音傳出來的上方奮力挖掘了數小時，但似乎並無進展。這時夜幕降臨了，有人拿來了探照燈，挖掘繼續著。星期天早晨，被困者的地點更精確地固定下來，搜救人員可以與他談話了。他告訴他們，他受的傷不重，頭頂有幾寸的空間，手還可以自由活動。與獲救相比，他渴求更多的是食物和飲料。塵土令他窒息，他擔心隨著搜救人員的接近，他會被塵土嗆死。士兵們在廢墟裡插入一個管子，受困者成功地構到了管子的另一端。牛肉、茶和白蘭地接連不斷地送了過去。

回饋回來的感激是發自內心的，就好像這個人早已沐浴在自由的陽光和空氣之中，而不是被埋在 20 英尺深的廢墟裡。還有 20 英尺的距離，但填塞其間的廢墟無法透過平常的方法清除出來，需要挖一條通道，但這還需要 30 個小時。通道的縫隙四周全是更為堅硬的材料，無形的粉塵填塞著這些縫隙，幾乎剛剛被掏出來，就又很快滑落回去。另外，為了受困者的安全起見，搜救人員每前進一步都要加倍小心。救援人員看見受困者時，我恰好爬過那片廢墟。顯然，他馬上就要獲救了，擔架被緊急送到了剛剛挖通的小隧道的入口處。安全營救近在咫尺之時，巨大的洞穴存在危險隱患的一面突然開始滑落，這個人又被埋在了裡面。四周發出一片驚恐的叫聲。十幾個士兵將臉埋在手中哭泣起來。不久，不斷傾瀉的石灰和碎石停了下來。突然，帶頭的軍官喊道：

『誰能帶這個繩子進去，把它繫在他埋在土裡的手臂下面？這麼做，也許意味著死亡，一旦灰土傾瀉下來，無論是

誰，都會窒息而死。』

『讓我去！讓我去！無論發生什麼，我都不在乎！』這幾乎是先遣隊每個隊員異口同聲的呼喊。

繩套很快用結實的繩子打好了，一個身體靈活的二等兵快速下到了洞穴的底部。裡面令人感到窒息，二等兵用雙手奮力挖開被困者頭部四周的灰土。他發現，這個人可真幸運，碰巧有一個小拱門保護了他，沒有讓灰土大面積傾斜下來。幾分鐘後，繩子繫好了，十幾個人將這個可憐人拉到了自由天地。」

如果這些士兵是「低層社會」的人，那麼，耶穌基督和聖方濟也是如此。

這再明顯不過了，親愛的孟肯先生，你所看重的是萊斯特‧沃德所謂的「沉悶而愚蠢的大錯，它世間普遍，根深蒂固，塑造了人們的世界觀。所以，上層社會和下層社會的區別，就在於他們之間智力水準的差別，這種差別存於事物的本性之中，命中注定，世代沿襲，無可迴避。」（《應用社會學》，第 96 頁）

在同一本書中的第 100 頁，萊斯特‧法蘭克‧沃德還告訴我們：

「然而，至關重要的事實是，不但那部分嶄露頭角的十分之八不該出現，就連那被埋沒起來的十分之一也不該現身，為什麼會這樣呢？這不合情理。他們都有能力，但這並不意味著所有人都智力均等，只意味著智力不均是所有階層的普遍現象。在完全嶄露頭角的十分之一中，成員之間的智力差異非常

明顯；同理，這一階層與完全被埋沒的那十分之一之間的差異也非常明顯。另外，再說得清楚一些，無論什麼時間、什麼地點，只要高智力階層中的個體從一出生起，其所處的環境與低層社會的環境完全一致，他們就不可避免地發現，自己最終也會落入低層社會之中。如果從低層社會隨機選出一些普通人，他們從一出生起就處於高智力階層的環境中，那麼，他們最終也會成為名副其實的高智力階層的成員，並不像某些人那樣，只是碰巧成為了其中的成員。換言之，社會階層差別完全是人為造成的，它取決於生存環境，與天生的智力水準絕無因果關係。智力，天生就有差別，就像人們描述的那樣，有很大的差別，但這種差別存在於所有階層之中。」

「低層社會的智力水準與高層社會的沒有差別，這一命題，」他在另一場合說道，「很可能令許多人大吃一驚。至少，人們會眾口一聲地駁斥它為偽命題。然而，雖然它是一個抽象命題，但我還是會毫不猶豫地支持和維護它。」（第 95 頁）

很久之前，斐迪南·拉薩爾[59]就指出，上層社會為了維護自己的階級特權，必須反對人類進步。誠然，在令人無限唏噓的歷史進程中，總有一些真正高尚的貴族，他們擺脫了狹隘階級利益的束縛，將自己的生命和才華無私地奉獻給了人類，他們的名字像燈塔一樣閃閃發光，照耀四方。但大多數上層社會的人，總為自己的階級利益所左右，有時是有意識的，但更多時候是無意識的，在反對著人類前進的征途。可喜的是，那些

---

59 斐迪南·拉薩爾（Ferdinand Lassalle, 1825-1864），德國猶太法理學家和政治活動家。他建立了德國最早的工黨全德意志工人聯合會。

你所謂的「低層社會的人，」他們並未受到惡化世風的影響，因為，引用拉薩爾的話：「工人階級是社會中碩果僅存且孑然獨立的無私階級，他們能夠塑造也塑造了最為獨特的社會環境。無論在法律方面還是在現實社會，這種社會環境既不單指貴族也不單指地產，更不單指資產，無產階級可以將這種環境轉變成新的特權，強行推進社會管理。

無論以何種方式，只要我們願意讓自己成為對社會有用的人，我們就是工人階級。

這種工人階級，他們的心中毫無新特權病菌的繁衍之所。正因為如此，他們才可以代表整個人類社會。工人階級的利益，才是真正意義上的整個人類的利益，工人階級的自由才是真正的人類自由，工人階級的權威才是所有人的權威。

因此，無論是誰援引工人階級的觀點作為統治社會的原則，就我剛剛向你闡述的內容來看，他並不是在發出分裂社會階層的吶喊。恰恰相反，他發出的是和解的呼聲，是廢除每個社會圈子裡的對立的呼聲。而對於那些不希望享受特權、不希望受到特權階級壓迫的所有人來說，這是團結的呼聲，也是愛的呼喊，從人們的心底發出，永遠代表人民真正的心聲。雖然它聽起來像人們衝鋒的吶喊，但它的意義表明，它依舊是愛的呼喚。」

在我的文章中，引用了萊斯特·沃德的話，他試圖表明：後天習得的特徵不是遺傳獲得的。對於這些社會心理學現象，

魏斯曼[60]點出了其生物學緣由。雖然當時大多數科學家都毫無疑義地同意魏斯曼的觀點，但他的理論還是引起了爭議。

於是，剩下的工作就只好依靠格雷高爾·孟德爾[61]了，他像歐幾里德[62]那樣，用證據清晰地表明：人類的特徵、才能、天賦和美德，可以透過教育和環境獲得，卻不能依靠遺傳獲得。但是，因為孟德爾是位奧地利籍的基督教牧師（奧地利人多為天主教徒，少數信仰基督新教中的加爾文宗），我希望你對他的這些生物學研究的驚人成果不必太關注。不管怎樣，我不會再在這封信中贅述他的觀點了。

但在下封信中，我會告訴你更多關於他的事情。你抱怨說，社會主義者往往容易接受有利於己方的觀點，對此我欣然接受。但我要向你指出，這種癖好非社會主義者獨享；我會根據事實推出一些有趣的論斷。

在本信即將結尾時，請允許我向你推薦享有盛譽的《波士頓書摘》（*Boston Transcript*）上社論項目中的一篇文章節選，請你認真讀一下：

---

60 弗里德里希·利奧波德·奧古斯特·魏斯曼（Friedrich Leopold August Weismann, 1834-1914），德國生物學家，魏斯曼學說，認為種質可世代相傳，但後天獲得性不能遺傳。被列為19世紀第二個最顯著重要的演化理論家，僅次於達爾文。

61 格雷高爾·孟德爾（Gregor Mendel, 1822-1884），奧地利遺傳學家，神職人員，遺傳學的奠基人，被稱為「現代遺傳學之父」。

62 歐幾里得（Euclid, 西元前325- 西元前265），希臘幾何學家，被稱為幾何學之父，代表作：《幾何原本》、《給定量》（*Data*）、《圖形的分割》、《反射光學》（*Catoptrics*）、《現象》（*Phenomena*）等。

「在這個國家，無論社會主義運動的結果如何，對這一話題不理智的意見在將來一定會越發罕見。羅斯福總統最近寫了一篇關於社會主義的文章，他根據一個業已證實的真實故事，嚴厲指責了所謂的社會主義的基本主張。他將文章送給兩位社會主義者，讓他們提出批評意見。碰巧這兩個人都不承認自己是社會主義者，但對社會主義文獻卻如數家珍。對於總統煞費苦心的文章，他們的觀點與他針鋒相對，氣得羅斯福將他們的建言信一撕兩半。其實，當時他本應該認真研究一下今日社會主義理論的真實立場。」

　　我知道，你非常欽佩羅斯福先生，因為他堅持不懈地宣揚尼采關於人生艱辛的理論。但我由衷地相信，即使這樣，你也不會任憑自己受其誘惑，從而以他作為你光輝的榜樣。

你永久的朋友
拉蒙特

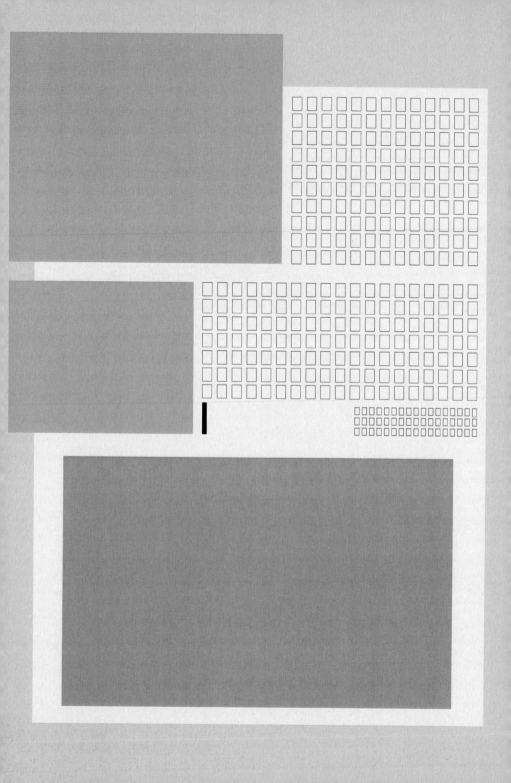

孟肯給拉蒙特的第三封回信

孟肯給拉蒙特的第三封回信

親愛的拉蒙特：

你的信像《利未記》（*Leviticus*）一樣，講述了一大堆的話題，想要完整地回答你羅列出來的所有建議，看來是沒有指望了。因此，在此特殊情況下，我將採取角力教授們所謂的不擇手段的蘭開夏式角力方式。就是說，我一開篇就要直奔主題，然後從容推進，直至結尾。與此同時，我還要一直保持警惕，時不時地抵擋你的論據巧妙的攻擊，批評和駁斥就是對它們最適時的反擊。

你一開始就指控我是一個有暴力傾向甚至邪惡的反復無常之人，並依據相關方面的證據，證實了我有罪。但我相信（如果你曾經坐在法庭上聽過沒完沒了的戲劇般的審判場景，你就幾乎不需要這個證據了），我將向你表明，證據規則與邏輯法則和常識根本沒有任何連繫可言。

尤其值得一提的，是你指控我的態度搖擺不定。你指出，我有時認為低層社會裡人口突然爆長會對人類進步造成威脅，而有時我卻對巴斯德之流表現出極大的敬意，他們對培養液的鑽研降低了各個階層 —— 無論高低貴賤 —— 的死亡率。表面看來，我似乎認為：(1) 讓猿人死去是件好事；(2) 我們應該鼓勵病理學家挽救猿人。但是，我親愛的拉蒙特，表象畢竟是表象。

在人口成長方面，最低層社會取得了最長足的進步。而同樣是人口成長，如果它有什麼益處的話，那就是最上層社會享受到了人口成長的福利。這兩種人口成長之間的差異，正是你所忽略的地方，也正是你的錯誤所在。第一種人口成長，似乎

要讓流浪漢和無能者將今日世界上的財富瓜分；而第二種人口成長，似乎為醫生們適時發現抗毒素、疫苗和健康生活的規律提供了機遇。

我確信，你非常清楚，從上世紀後半葉取得的開天闢地的醫學發明中，低層社會所獲得的好處要遠遠少於高層社會。如果你從未考慮過這個問題，只需稍稍想想肺炎的例子就明瞭了。50年前，這一疾病廣為肆虐，由此產生的繼發病症患者，無論地位高低，富貴貧窮，其死亡率很可能接近60%。而今天，上層社會裡的有教養階層，其死亡率20%才剛剛出頭；而在黑人和外國人組成的下層社會裡，其死亡率仍然高居50%。

那麼，為什麼會這樣呢？有一個似乎順理成章的答案：治療肺炎，勞心傷神且費用極其昂貴；因此，窮困潦倒且無人資助的病人死掉，勢所必然。這個答案似乎合情合理，至少表面看來如此，但它並不能站得住腳。我希望提供另一個答案取而代之，這個答案就是，這一疾病本可預防和治療，今天大多數人身染此疾並因此喪命，與其說是因為他們窮困，莫不如說因為他們無知，他們為低層社會之人所擁有的頑疾所禁錮，那種根深蒂固且難以根除的猜疑、頑固、愚昧和短視；此外，無力求學的現實也在束縛著他們。

我們巴爾的摩市，因其遍布醫院和診所，所以被稱為新世界的醫療之都。它的醫院對所有人開放，無力支付醫療費的病人都可以獲得免費治療。身無分文的人，仍有可能享受到美國一流醫生的精湛技術。在城郊地區，設立了治療肺炎和其他傳染病的療養院，醫療和護理都是免費的。那些身染沉痾臥床不

起的病人，可以在家裡獲得治療和看護。有來自美國各地的探訪者，願意支付數千美元的費用照顧病人。因此，病人即使一貧如洗，也可免費獲得治療。然而，巴爾的摩的死亡率卻比美國任何同等規模的城市都要高。

基督教科學家會大言不慚地說，這是因為醫院太多了。但真正的原因卻是，在巴爾的摩 600,000 名居民中，有 100,000 名黑人和 200,000 名無知且迷信的外國人。黑人生病的時候，只能買些非處方藥，或者求助於自己族群裡的江湖郎中。病情加重時，只會找個髒兮兮的黑人牧師向上帝祈禱。於是，對於這些最底層的半人類的野蠻人，他們的死亡率每年高達 60‰，是開化了的白人正常死亡率的 5 倍左右。

黑人或底層的白人該因自己的貧窮和無知受到指責嗎？我認為，不應該，正如他們不應該因骯髒和不誠實受到指責一樣。他們無法不懶惰，他們無法不愚昧，因為他們是下等人，頭腦也是下等的。這一頭腦無力掌握那些最基本的概念。告訴他們，像牧師一樣告訴他們，如果捐助 5 美分給教堂，他們會得到解救，不再下地獄，他們會理解的。但讓他們掌握複雜的推理鏈條，雖然開化之人藉此推理出疫苗幾乎可以確定無疑地預防天花和狂犬病，奎寧水將會治療瘧疾，使用長期綜合性療法可以阻止肺炎，然而，他們仍會像大學教授面對教科書上無法解決的難題時那樣一臉無助，一幅可憐兮兮的樣子。我想，現在你明白了，我從不認為巴斯德及其同行的探索者是大眾的救世主。他們的工作，物有所值，極大地減輕了包括低層社會在內的人們的痛苦，但其工作的真正價值，歸根結柢，受益的

卻是上層社會。的確，正是憑藉上層社會的專橫脅迫—— 這種脅迫，據說起源於自我防衛—— 低層社會無論情願與否，都必須享受它的好處。我們讓黑人接種疫苗，不是因為他們想接種疫苗，也不是因為我們心存渴望想維繫他們了無意義的生命，而是因為我們不想讓他們在我們家的廚房或馬廄裡染上天花，給我們帶來不便、危險並因此付出代價。除了寥寥少數之外，他們大都由衷地反對暴露自己的手臂，把做這些事情當成自己受到踐踏和壓迫的確切證據。今天，如果讓他們隨著自己的意願行事，他們就會像當初死於肺炎的人那樣，有大量的人死於天花。

他們做著無謂的抗爭，反對那些讓生活變成一種需要容忍的事物，他們揭示了低層人永恆的生活哲學。為了不屈從於古老的迷信、偏見、骯髒和惰性，低層社會的人永遠在抗爭著。他自始至終都清楚，只有上帝為他伸出援手，給予他公正的權利，他才可以富有、快樂、無憂無慮。但是，他從一開始就錯了，大錯特錯了。

對於我那些顯而易見的前後不一的說法，你的做法讓我的解釋能自圓其說，我為你的這一做法感到欣慰。你還給我提供了一個機會，對另一件你誤解我的事情進行釐清。我所指的這件事，也許最好用一個問題表達，那就是，決定人類階層的，到底是什麼因素？你們社會主義者往往會斷言，所有與你們不站在同一戰壕的人，贊成的就是所謂的資本主義或中產階級的文明論，而且你認為我是文明論的宣導者之一。對此斷言，我欣然認可。換言之，你很可能認為，我判斷一個人的價值，是

孟肯給拉蒙特的第三封回信

根據他一生中所取得的物質成就。因此，我把所有的窮人都看成低層社會的人，把所有的百萬富翁、貴族和政府官員都看成高層社會的人。但這根本就不是事實。

事實上，我想建立的判斷標準，要遠比這種對中產階級的判斷複雜得多。這些標準，將接納許多相當貧窮的人進入最高層社會，將許多富人列入最低層社會，為那些天生的蠢材、墮落之人、信仰療法的踐行者，還有信仰徵兆、預感和聖安多尼的人提供一個避難所。如我所言，這些標準挺複雜的，有時會將同一個人既放入高層社會又放入低層社會，不過，我還是堅持為之辯護，我的理由就是，人類的生存複雜多變且充滿困惑，我絕不相信，你們所謂的社會主義，依靠使用某一個宏大的方程式，就妄圖最終可以解決所有的人類之謎。

那麼，在最高層社會登記註冊的人，我需要他們具有什麼樣的品行呢？簡而言之，我需要他們具有將普通人與狒狒區別開來的所有或大部分品格，而且要達到出類拔萃、令人難忘的程度。如果你認真做過調查，就會發現其中最重要的品格，就是一種如坐針氈的迫切之情 —— 一種永無滿足的渴望，想在革命進程之中奉獻一臂之力。擁有這種品格之人，會不斷渴求提升自己對環境的掌控力。他具有強烈的好奇心，激情澎湃，想解決所有展現在自己眼前的問題。自己取得了進步時，他會意識到，這不過是因為自己理解了那些昨日曾對自己造成威脅的力量，並在今天將之付諸己用；這種意識就是他的快樂所在。他目光堅定，但凝視的不是蒼穹，而是大地；不是永恆，而是明天。他所進入的世界，要無限優越於無知的牲畜。當他

離開這個世界時，他的優越性 —— 用簡單的代數 —— 可以表示為「無窮大 + 未知數」。借助他的人生和努力，人類或者是部分人類，取得了一些貨真價實的進步，無論多麼渺小，都是人類自猿類伊始取得的。

你將會發現，這種熱血澎湃就是為了提升，為了改變，為了進步，但即使在最高級的低等動物中也難覓其蹤影。也許，在最低等的人類中也同樣匱乏。但在這裡，雖然它仍處於刻度表的底端，但至少已開始顯現。我認為，即使中亞最無知、最困苦的奴隸也能夠對自己喜歡的城邦有著自己的想法，正如即使美國最墮落的黑人也有資格住在流著牛奶和蜜的土地上。但請注意區分單純有感知的人類與確切無疑的高等人類之間的差異。一種人作著黃粱美夢，卻沒有制定切實可行的計畫去實現夢想。而另一種人，既踏實肯做又富有想像力，能從理想之中創造現實。一種人將自己的信仰貼服於基督教、社會主義或某種虛無縹緲的神奇信仰。而另一種人，則透過顯微鏡觀察世界，創造了巨大的蒸汽船，開發了沙漠，制定了法律，還推翻了上帝。

因此，我得出了自己對傑出人物的定義。他在這個世界的工作，在某種程度上，加大了開化的人類與海泥裡的原生動物之間原本日益擴大的差距。你將注意到，一個聚集了數以十億計財富的人，在此進程中卻沒有盡到舉手之勞，這是有可能的。還有一種可能，一個生活在貧窮之中的人，卻可以將時鐘向前撥快 1,000 年。此外，還有一種可能，一個人以一種方式促進了進步，卻又以另一種方式阻礙了進步。總而言之，有可

能一個人，雖然貧窮，卻仍屬於最高層社會；而另一個人，雖然富有，卻只屬於最低等社會；還有可能，同一個人，在不同時期，甚至在同一時期，卻隸屬於兩個不同的階層。如果你認為最後一種可能屬無稽之談，那麼，請允許我引用約翰‧洛克斐勒（John Rockefeller）的例子加以說明吧。約翰‧洛克斐勒在商品交易方面取得了巨大的成就，這讓他擁有了一種地位，可以與那些一生為人類進步而奮鬥的人物並駕齊驅。然而，身為一名出色的洗禮教徒，他相信浸水洗禮是進入天堂的必要前提，這就將他確切無疑地歸入信仰迷信的野蠻人那一最低階層。

　　綜上所述，我想堅持的觀點就是，我所描述的這種差異與其說是多樣環境的產物，不如說是不同天性的產物。我樂意承認，透過進行哺育，加強環境監督，強化教育，經過許多代之後，人類就會取得令人欣喜的進步，尤其黑人族群。但我必須強調，這項事業，其實是在令人可笑地浪費精力，因為已有現成的上層白人族群的存在了。而對於黑人族群而言，你也許無法想像，無論怎樣精心培養他們，他們距離成功都遙不可及。今天的黑人，雖然受過教育，但注定是一種失敗，不是因為他遭遇了難以駕馭的人生障礙，只是因為他是一名黑人，他的大腦不適合高層次的腦力勞動。他的理想，無論他如何竭力培育和呵護，仍然與小丑的理想別無二致。簡而言之，他是一名低層社會的人，生來就是，他將一直懶惰並無能下去，也許在文明社會裡生活了五十代之後才會有改變的可能。但即使那時，優越的白種人還是會超過他五十代人。

我用黑人舉例子，因為在他身上，低層社會之人所具有的傳統烙印尤為顯著。現在，有些歐洲農民移民到了美國，在他們身上，尤其在那些來自俄羅斯的農民身上，同樣的烙印也清晰可見。這些農民，與高層社會的白人有著天壤之別，北美野馬與肯塔基馬之間的差別也不過如此。這種差別，不是他們真實環境的產物，而是歷經無數年之後祖先遺傳下來的環境的產物。他們代表了進步階梯上的一步，僅僅低於開化的白人階梯。終其一生，即使環境發生可以預想的改變，也不會將他們整體推上頂部。具有卓越才華的個體，偶爾會在他們中間出現 —— 博物學家稱這些不同尋常的個體為「突變」—— 並自行傳遞下來，最終進入更高層次的社會。但他們決不會超過某一與他們同樣傑出的人物所主宰的那一階層，而且他們的種族，就總體而言，仍保持著原有的低等階層地位。

　　階層不是人為的，而是天意。只要世界上的生物有種群之分，階層就難以避免。每一種群都由個體組成，成員之間無論多麼相似，都永遠不可能一模一樣。正是這種變異，才使進步得以實現，因為它賦予了某些個體在人類奮鬥中的優勢地位，這些個體往往會從他們的兄弟之中脫穎而出，讓自身更為豐滿的品格主導整個種族特徵。在低等動物中，為生存而進行的鬥爭，直白地說，就是一種狗咬狗的鬥爭。這場鬥爭難以捕捉，我曾描述的那些懶惰、好奇且明智之人，也許比那些僅僅有蠻夫之力的人更有優勢。但無論生存的武器是鋒利的牙齒還是高效的大腦，總有勝利者階層和戰敗者階層。任何終止鬥爭的努力，都是空幻的虛榮 —— 我這裡使用的「虛榮」一次，涵蓋了

它通常的兩種含義。

但是沃德教授卻對此持有異議，他認為：「社會中的階級差別純粹是人為的，完全取決於其自身生存的條件，與人天生具有的才能之差根本無關。」猛一看，這句話部分否定了自然選擇規律——這一命題，我想，社會主義者也不願堅持。但事實上，沃德教授只是試圖論證，天生的差異，雖然真實存在，卻為階級特權和既得權益所抵消了。換言之，他認為，人在世界上的地位不是由他帶入世界的智力和能力所決定的，而是由他來到這個世界之後所遭遇的境況、機遇和所處的環境所決定的。一個人，即使有赫胥黎一樣的智力，如果生於洗禮教農民家庭，仍然會變得無知、迷信和墮落，至死也不會發生改變。但一個與愚蠢相差毫釐之人，如果生於富貴之家，就有可能化愚蠢為睿智，甚至改變世界的版圖。

這一理論，如我之前指出的那樣，是令人欣然的謬誤，是所有墮落而無能種族的主要慰藉。「如果我成為百萬富翁」——除非你與我一樣，知道事情的全部真相——它是無數詭辯理論的一種，需要用真理檢驗，但它真切地讓生活變得更容易忍受。建構這一理論的人，享受到了痛苦減輕時豁然開朗的心情，知性美德的慰藉之光，以及殉難時令人寬慰的幸福感。他找到了避免為自己的無能而受到指責的替罪羊，因為他無力從摸爬滾打的泥淖中掙脫出來。這個代罪羔羊，他可以恣意命名，如命運、運氣、文明、財閥統治、保護性關稅、公務員改革，甚至是魔鬼。

實用主義者和超自然主義者要使我們相信的，無非就是，

一個觀點的持久性和愉悅性，證明了它的真實性，因此，這一觀點將會永久且徹底正確下去。但我卻無法說服自己接受如此天真的認知論。事實上，我非常確信，我們所討論的觀點，就其持久性和愉悅性而言，往往不是真實的，而是虛假的。就是說，就其所針對的人而言，只是偶爾而且是在其情感脆弱的時候，它才變得真實起來。但對於一個接受它為人生工作信條的人而言，真實的可能性真是微乎其微。最高階層中有才能之人，正視自己所看到的世界，並將這作為一條準則，然後以輕鬆的心情實現自己的救贖。他的快樂寓於付出之中，寓於工作之中，寓於進步之中。在諸如克服困難、破解祕密、打敗敵人、驗證真理、改正錯誤種種行動之中，他發現了生活的意義，擺脫了生活的痛苦。但無能之人，無法用自己的雙手和頭腦對付困擾和脅迫他的環境，他眼中的世界混亂不堪，因此，他遲早會尋求逃避。有時，在深思熟慮之後，他會得出結論：生存的恐懼無法治癒，他已成熟，可以加入宗教，因為宗教承諾給予他回報，讓他進入墳墓之外的某個虛無縹緲的天堂。有時，他會突發奇想：如果萬物存在一種深奧的重建機制 —— 某種新的發牌方式，四張王牌為他開路 —— 那麼，一切都將一帆風順。當這種瘋狂的想法降臨其身時，他就開始四處摸索，想要尋找引領他走向烏托邦的嚮導，哪怕烏托邦只在他的頭腦中模糊地出現過而已。正因如此，那些牢騷滿腹、無知無助的人們，才會認可想像力豐富的夢想家們浪漫的幻想，成為獨立納稅人、基督教科學家、無政府主義者或者社會主義者。

社會主義，作為一種哲學體系，它有一些顯而易見的缺

孟肯給拉蒙特的第三封回信

陷，撩起並煽動了所有無能者們胸中燃起的殉道情感，然後再去將它們點燃。無能者認為，自己生不逢時，不是因為自然規律的運作 —— 自覺且嚴屬地剔除不適者而讓世界獲益，而是因為比自己過得好的那些人蓄意且惡毒的冷酷行為。你們這些真正的社會主義者，最為堅信自己的個人生存對於世界具有巨大且不容置疑的價值，如果世界不是一名詐騙犯的話，那麼，就該對自己給予豐厚的回報，讓自己生存下去。

　　既然大多數社會主義者屬於勞動階層，他們謀生的方式，就是將自己的體力勞動與人類可以駕馭的自然力量連接一起，那麼，社會主義者就歪曲了我之前闡述的論點，從而建構了一種特定理論：唯一真正有價值的人，就是「生產者」。就是說，按照供求規律，只有唯一的一種人類服務方式 —— 能生產出人類日常生活的必需品，才能充分且名副其實地獲取回報。這種服務方式，貨真價實，它得到的不該是某種特定的回報，而應是全部回報，可以說服那些需要它的人為其買單。因此，一個種菜的農民，可以利用同伴的飢餓需求，讓他們花錢購買蔬菜。按照社會主義哲學來判定，他仍是品行良好之人。同伴擁有的蔬菜滿足不了需求，而這位農民又富餘蔬菜。那麼，好吧，就讓他們花錢買吧！但如果一位擁有寶貴品格的富足之人，如精明、資本、遠見、智慧，抑或說狡點，需要與那些欠缺這些品格之人進行交換，從而獲取公平的利益，讓他們獲得這些品格。那麼，這個人，按照社會主義哲學理論，就是一名有罪之人。

　　你們社會主義者，我親愛的拉蒙特，忽視了一個事實：沒

有任何真實存在的人，願意滿足於停滯不前，他希望自己的明天比昨天更富有，更博學，更強大。換言之，在與同伴進行交易時，他看中的不僅僅是公平的等值，他看中的還有利潤。你的那些勞動者兄弟們，今天要求的也是這種利潤。他們想要的，不僅僅是合理的薪資，還有他們生產出來的所有價值。當然，自私的弱點也同樣令他們的老闆們備受煎熬。這些老闆在購買體力時，想要的體力要足以平衡他付出的金錢，並能給他帶來利潤。勞動者，除了體力之外一無所有，無可付出，因此，在他付出足夠的體力獲得等額的報酬後，他還必須額外付出一些，從而為老闆賺取利潤。如我之前告訴你的那樣，在考慮了所有的交易之後，我認為你過分誇大了利潤的實際占比；但利潤終究還是要有，而且必須相當可觀，對此，我欣然認可。如果根本沒有利潤可言，就不會有才華出眾的高階層人士投身到工業事業中來，因為沒有哪種人，情願在停滯不前時仍心安理得。

你真誠的
孟肯

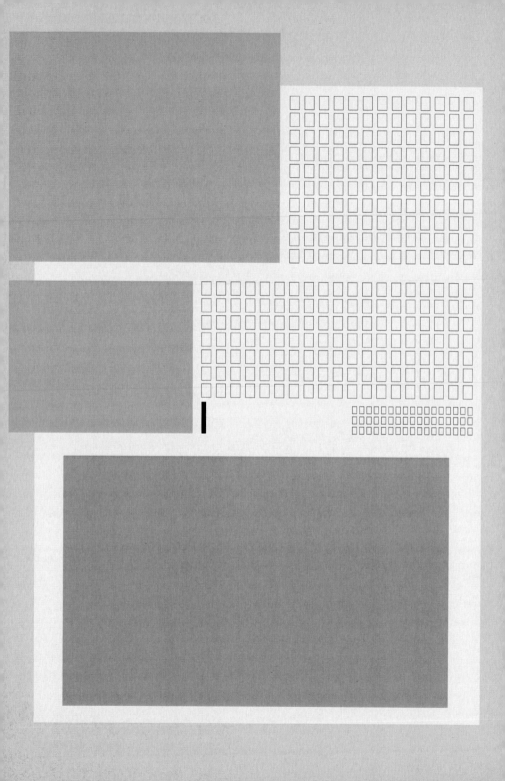

拉蒙特的第四封來信

拉蒙特的第四封來信

親愛的孟肯：

　　我必須道歉，未能及時回覆你上封非常有趣的來信。實際上，你那偉大的好友羅斯福先生並未接受他那些社會心理學朋友的建議，毀掉自己的反社會主義手稿，反而將它發表在了《瞭望》（Outlook）上。因此，在我剛要回信給你的那天，接到了緊急電話，請我回覆這位著名的尼采主義者 —— 我們的前總統。

　　現在，在本該栽種土地和豌豆的時候，我必須花費數小時的時間關注你的感悟。但是，與羅斯福先生的短暫接觸，卻大大增加了我對你的尊重。迄今為止，你寫過三封信，卻沒有犯下羅斯福先生在《瞭望》上僅一篇文章就擁有的那麼多失誤，而且他所表現出來的尖酸刻薄，你連十分之一也沒達到。

　　讀過你的來信之後，腦海裡閃現出你的形象，如果我有萊恩·沃克[63]或麥克卡森[64]那樣的文筆，我定會為你描繪出來。在這幅臨摹中，你被憤恨且惡毒的社會主義者緊緊追趕。看見自己已無路可逃，於是，你慌不擇路，投入到一位上了年紀的好心的巴爾的摩有色「媽媽」的懷抱。說真的，這幅想像力豐富的畫面令我沉溺其中，不能自拔，不忍心將你立刻從她保護著你的臂彎中拉拽出來。而現在，我卻願意對你發出警告：即使

63　萊恩·沃克（Ryan Walker, 1870-1932），美國政治活動家和漫畫家。年輕時期加入了美國社會主義黨。他為美國多家報紙創作了大量的政治漫畫作品，並塑造了卡通人物「亨利·達布」（Henry Dubb）。

64　喬治·巴爾·麥克卡森（George Barr McCutcheon, 1866-1928），美國暢銷小說家和劇作家。代表作：《格勞斯塔克》系列小說、《狗的一天》、《蝴蝶人》等。

在她的懷抱裡，你也不會倖免於難，不受到可怕的社會主義者追趕。

　　這位巴爾的摩黑人，他（或她）是否是我們神聖制度的保護神，我永遠無法從其外表判斷出來。但是，用蕭伯納的語言來說：「誰知道呢？」大多數社會主義的批評家們，都將這一重要角色強加在謙虛且有用的人 —— 拾荒者 —— 身上。

　　「我很少，」在《快活的英格蘭》（*Merrie England*）中，羅伯特・布拉奇福德[65] 說道，「聽說過一種觀點，也沒讀過負面的文章或演說，反對在社會事務上主張正義。但我們的拾荒者朋友，卻在這方面表現出了突出的作用。誠然，這位拾荒者不是位小人物；不過，人們還是認為，整個世界不是以他為軸心運轉的，不要把他想像成歐洲社會的基石 —— 至少他的外表和薪資無法為這樣的假設提供合理的依據。但我開始相信，拾荒者的恐懼，的確是所有保守主義的源泉、命脈、血緣和氣息。好心的上了年紀的拾荒者！他的菸灰缸是資本主義的堡壘，他的掃帚是歐洲社會的標竿，可以將自豪、文化和富足召集在自己的周圍。」

　　可憐的老拾荒者！他把自己的職業弄丟了，而現在，你又將「挽救社會」的責任賦予了這位巴爾的摩老黑。

　　讓我們暫且將這位「有色的傢伙兼兄弟」放置一邊。現

65　羅伯特・布拉奇福德（Robert Blatchford, 1851-1943），英國社會主義運動活動家、記者和作家；無神論者、優生學的反對者、英國民族主義者。代表作：《快活的英格蘭》（*Merrie England*）、《沉悶的英格蘭》、《上帝和我的鄰居》（*God And My Neighbour*）、《一本關於書的書》等。

在，在最終明白了你所喜歡的用語「高層社會」的含義之後，我想表達一下自己的心滿意足。在我看來，符合你第一層次完美類型的人，只可能是基督教牧師。

你說，這類人所具有的傑出品行，就是「一種永無滿足的渴望，想在革命進程之中奉獻一臂之力。」換句話說，他表現出了原始泛靈論的思維習性，展現的是我在《社會主義：積極與消極》（*Socialism: Positive and Negative*）（第 97 頁）中所描述的「一種傾向，從目的論的角度闡釋演化，將演化的趨勢歸因於宇宙發展的結果，如丁尼生在詩中所言：「歲月如梭，一個日益強烈的目的穿行其間。」

出現在你上封信中的這種半神學的思維習性，不是偶然的巧合，相反，它是你宇宙觀的組成部分。其實，它在你第一封信裡就已表現出來：「這一原則，自始至終，它從未變過；它來源於我的信仰，我堅信革命過程應是一種善舉，而且是永恆的。」

托斯丹・韋伯倫在談到將倫理目的歸因於「自然法則」這一習慣的來源時，有如下的說法：

「伴隨著手工藝技術特有的思維習性，現代科學也繼承和吸收了許多手工藝時代和小商品時代業已成形的習性。就『自然規律』而言，其構成已引起了現代科學研究的關注。它有一些規則，掌控著自然界『序列的一致性』，這些一致性構建了嚴格合理的步驟，讓某已知因創造性地取得某已知果，就像手工藝規則，能夠規定生產適銷產品主要部件的合理程式。但是，人們感覺，這些科學的『自然規律』還有某種正直的品格

和約定俗成的道德力量，它們遵守『自然權利』體系所固守的原則，是手工藝時代為之後的體制規劃所做出的貢獻。自然規律，不僅被認為是客觀真理，而且應該是正確的、善意的。人們認為，自然規律，從本性上就是行善的，是值得讚頌的，它應該有自己獨一無二的裁決權。這種慣性思維，不加分辨地將美德和公平歸因於科學的『自然規律』，在 19 世紀的大部分時間裡仍在繼續發揮著作用。『自然權利』，是一種迫切要求，來源於人們的經歷。很多年之後，當這種要求不再塑造人們的生活習慣時，傳統力量還在習慣性地屈從於『自然權利』。而作用於科學的『自然規律』，還沒有徹底丟失，即使在一代代的科學家中間，仍有許多人不加評判地就將約定俗成的正直和完美納入這種『規律』之中。至少目前來看，敵視要演變成拋棄，也僅僅是佈道壇的高談闊論而已，是文化有機體排出衰老廢物的可靠管道。[66]

你，親愛的孟肯先生，似乎沒有完全從神人同形同性論的思維習慣中解脫出來。顯然，在牧師們煞費苦心地將衰老的廢物從文化有機體中排出時，你沒有給予絲毫的幫助。

我心目中的理想之人，應該是全身心投入為人類創造幸福之人（注意：我所說的是人類的幸福，而不是豬玀的幸福）。人類已準備就緒，只要為了達成自己的目標，他願意勇敢地付出努力，改進、避開或打敗演化過程中的『自然』結果。如果一個人感到「一種永無滿足的渴望，想在革命的進程之中奉獻

---

66 索爾斯坦·維布倫。《科學觀點的革命》（*The Evolution of the Scientific Point of View*），《加利福尼亞大學編年史》，第十冊，第 413-414 頁

一臂之力，」那麼，他就仍深深地為迷信所羈絆，他只是將「演化過程」當成神明供奉在祭壇之上，可以隨時再請出來。

帕西瓦爾‧羅威爾[67]最近發表了一部關於火星的傑作，如果他在其中所作的猜想正確的話，那麼，「演化過程」，要不是得益於明智的完善和干預，此時幾乎會將動植物從那個有趣的星球徹底根除了。但是，無論這個猜想正確與否，這種解釋都將使你認為，將反對「演化過程」變成「高層社會的人」的最高功能，條件已然成熟。

牧師會毫無保留地篤守你的信條 —— 人處於第一層次，今天，雖然在這些牧師之外很難再找到眾多既有教養又睿智的人了，但是，我清楚地知曉，你認為，一味擴大牧師族群，不應該成為塑造萬物的機制。你確確實實地認為，牧師數量的增加等同於倒退。

你所指的「高層次的人」，就是集智力與精力於一身的人 —— 徹底解放的人。如果這種人數量增加了，就能創造出你所期望的成果，那麼，你也必須要給予他們善良的情感。

但你這種「高層次的人」躋身於「烏合之眾」之間，會不會極其孤獨啊？我無意冒犯巴爾的摩的好人，但可以試問一下，有時，你是否不得不模仿蕭伯納《念珠菌》中的馬奇‧班克斯，像他那樣大聲地自言自語呢？

---

67 帕西瓦爾‧羅威爾（Percival Lowell, 1855-1916），美國天文學家、商人、作家和數學家。曾經火星上的溝槽描述成運河。並在美國的亞利桑那州的弗拉格斯塔夫建立了羅威爾天文臺，他去世 14 年後，後人在此天文臺發現了冥王星。

「所有的詩人都這樣，」馬奇·班克斯說，「他們大聲地自言自語，於是，世界偷聽到了他們的聲音；但有些時候，他們卻聽不見別人這樣講話，真是太孤獨了。」

這番話刺穿了你和尼采理想的痛點。如果明天你能充分意識到自己的理想，孤獨就會將你為超人建立的天堂變成徹頭徹尾的地獄。

任何理想，如果不考慮極盡可能實現經濟平等，就會種下同樣的惡果。沒有經濟平等，你可以減輕孤獨感，卻不能消滅極致的孤獨，它塑造了今日的你我，還有許多其他心懷不滿之人。「一個徹底解放之人，」萊斯特·沃德說，「會發現自己幾乎是與世隔絕的。整個城裡，與他能交談 5 分鐘的人，也許都找不到，因為他只要一開口說話，就會暴露出來自己的腦子裡裝了一大堆錯誤，一大堆虛假的自滿，一大堆迷信，一大堆偏見，這讓他變成索然無味。大部分人都在以流行的方式說著不切實際的話。當然，多數人是因為接受了某種信仰而完全喪失了思維能力，還有少數人是因為質疑自己的信仰，而開始去尋找另一種信仰。他們也許認為，他們在進步，但他們的輕信一如既往，對如何檢測信仰的可信度仍一無所知。」（《應用社會學》，波士頓，1906，第 81 頁）

現在，讓我們花費一兩分鐘回到「有色的傢伙兼兄弟」這一話題。只要你受迫與數以千計的黑人生活在同一城市，身為同城夥伴，你會感覺他們似乎或多或少地都有些索然無趣。如果給予他們更多的機會，他們會不會變得有趣起來呢？這麼做又是否明智呢？如果貧寒交迫、酗酒成性的黑人，一如既往地

在你的城市傳染蟲害、梅毒或其他傳染病，對你的安寧和幸福造成了永久威脅，那麼，大膽採取行動，真心付出努力，將這些黑人從貧困、梅毒和酗酒中解救出來，這麼做又是否明智呢？到了那時，巴爾的摩就會成為一座宜居城市嗎？

除非你斗膽與尼采針鋒相對，勇敢提倡滅絕黑人（還包括俄羅斯農民，你將他們一起相提並論），否則，就必須成為社會主義者，努力讓黑人在人的環境中過上人的生活。對於巴爾的摩人而言，這只是一個自我防衛或自我保護問題。

強烈要求為黑人爭取一個機會，真正過上人的生活，並不是宣告黑人在所有方面都與白人平等。恩里科‧費米 [68] 說，人是不平等的，但他們都是人。

「實際上，雖然每個個體出生和成長的方式與其他個體不近相同，正如森林裡沒有完全一樣的兩片葉子一樣，在整個世界，沒有在各個方面完全一樣的兩個人，不可能你中有我、我中有你。然而，每個人，就只是因為他是一個人，所以，他擁有的是人的生存權，而不是奴隸或畜生的生存權。」（《社會主義和現代科學》（*Socialism and Modern Science*），紐約，1904年，第 20、21 頁）

但現實情況是，直到現在，作為一個種族，黑人享受的機

68　恩里科‧費米（Enrico Ferri, 1856-1929），義大利社會主義者、犯罪學家，龍布羅梭（Cesare Lombroso）的學生。義大利犯罪學學校的創建者之一。代表作：《犯罪社會心理學》（*Criminal Sociology*）、《社會主義和積極科學》（*Socialism and Positive Science*）、《社會主義和現代科學》（*Socialism and Modern Science*）等。

會屈指可數，教條地羅列出他們的潛能，極其不符合科學。否認他們當前面臨的不平等，是不合理的；同樣，否認他們未來要面對的可能的平等，也是不合理的。

　　萊斯特‧沃德，在參看了贊成和反對種族不平等的證據之後，做出了如下總結：

　　「因此，還沒有證據表明，單就白色人種、黃色人種或黑色人種的每個個體而言，雖然完全可以預測出他們在各個階層中的智力是不平等的，但還不能預測出各個種族在整體智力方面存在不平等。我們稍微清楚一些的是，沒有任何一個種族和階層，沒有能力接納社會進步，沒有能力利用社會傳承獲取利潤。(《應用社會學》，第 110 頁)

　　這就是社會主義能為黑人爭取的一切。在這一要求獲得批准之前，南方決不會成為理想的居住之地。

　　這也是我虔誠的信仰。我在南方的一所寄宿學校和維吉尼亞大學待過 3 年，年輕時很可能如你一樣，接受了過多的對黑人的偏見。

　　在上封信結束時，我許諾在這封信裡接受你的指控：社會主義者更容易於接受有利於自己的論據和理論，以此向你表明，這一偏愛並非社會主義者獨有。此外，我還想從這些事實中得出一些重要的論斷。

　　實際上，所有為龐大族群所持有的信仰，都由欲望產生，這些欲望是經濟利益在情感上的表現。如果你厭煩我不斷摘引萊斯特‧沃德的話，我不會怪你，我只是情不自禁地引用他的

觀點，因為我非常贊同這些觀點。

「也許可以說，」他寫道，「普世的觀點，據說可以引領世界，統治世界，但它們僅僅是信仰而已。這句話說得極是，因此，需要對信仰的本質進行特別的探究。信仰與觀點之間的差異微乎其微，至少在通俗意義方面。信仰，可以被定義為固定的或穩定的觀點，但其中蘊含了對其建立依據的某種輕視。而觀點之中，則蘊含了一定數量的依據。觀點的信服度，取決於證據，因此，可以對觀點進行比較。觀點可以非常孱弱，贊成它的證據和反對它的證據幾乎平分秋色。信仰，卻必須另當別論。在信仰之中，根本無需考慮證據，信仰絕對獨立於證據之外。那麼，支撐信仰的是什麼呢？這才是我們所討論的問題的關鍵所在。信仰依賴於利益。但什麼是利益呢？利益就是情感。世界觀產生於情感之中，情感是種族安全的堡壘。你無法說服我放棄信仰，因為信仰是群體救贖和個人救贖的大前提。

「現在，正是利益因素將信仰與欲望連接起來，讓闡釋歷史意識型態與闡釋經濟學達成一致。就經濟學而言，它對價值的準確定義是，價值賴以存在的基礎是欲望以及由信仰帶來的滿足感。每種信仰都代表了一種欲望，準確地說，代表了一大堆的欲望，其中潛伏著力量，它有祕訣，能創造奇蹟。無論信仰還是觀點，都被看成純粹的思想現象，但信仰本身並不是一種力量，力量存於其欲望之中。在這裡，我們必須要謹慎，切勿本末倒置。信仰不會產生欲望，更正確的說法應是，欲望能夠產生信仰。欲望是一種經濟需求，產生於人之本性和生產條件，它們需要的是滿足感以及所有內在的和外在的影響力。

這些影響力作用於群體或個體之上，從而獲得結論、信仰或觀點：某一命題是正確的。命題，雖然可以用陳述句概括，但從本質上講，卻是祈使句，會帶來某些行動，人們認為這些行動對維護群體或個體利益至關重要。事實上，我們所談及的利益，有時是無法感知的，隨著種族智慧的發展而日漸神祕，但並不影響這一切真相。所有的利益，實質上都是經濟方面的。說到底，宗教利益與所謂的物質利益都是純粹的經濟利益。所有由宗教 —— 無論最原始的宗教，還是最先進的宗教 —— 強加的行為，其目的都是為了滿足欲望。躲避懲罰只是滿足欲望的一種形式，因為就滿足欲望而言，經濟因素既有積極的一面，也有消極的一面。在更高層次的宗教中，如果積極利益逐步掌控了消極利益，就會賦予宗教更多典型的經濟特徵。（《應用社會學》，第 45-46 頁）

宗教理想具有經濟根源，這種觀點，對於你這樣的研究弗里德里希·尼采的人並不陌生。你是否記得在《道德的譜系》（*A Genealogy of Morals*）中有一個精彩的段落，它告訴我們到底怎麼「產生理想的」？尼采指出，基督教早期的皈依者，不是軟弱無助就是受人奴役，他們將「軟弱篡改為放棄」，將「不需回報的無能『美化』為『善良』，將『唯唯諾諾』美化為『謙卑』」，稱呼「不能報復」為「不會報復，甚至是原諒。」

宗教信仰由經濟狀況所決定，雖然你熟悉這一觀點，但當我斷言科學信仰也是如此時，你很可能會大吃一驚。1909 年 4 月 15 日在倫敦出版的《社會民主》（*Social-Democrat*）上，我闡述了這一論點，但不是很詳盡。在寄出稿件之後，我收到了韋

伯倫教授的論文《科學觀點的革命》(*The Evolution of the Scientific Point of View*) 的影本 (在這封信裡,我早已引用過),論文裡陳述了同樣的論點,但更為詳盡清晰,勝我一籌。

在我之前的那篇論文裡,我寫道:

對於現代科學的真諦,以及它帶給人類的巨大潛在利益,我無意否認。我斷言,科學理論所採納的形式,在很大程度上由誕生科學理論的經濟狀況所決定。而且在很多方面,信眾對科學理論的認可,取決於科學理論滿足欲望的適合度 —— 這一點非常重要,而這些欲望,又是由信眾的經濟需求所產生的。

卡爾・考茨基在其《社會革命》(*Social Revolution*) 中,也採取了通常的立場。亞瑟・莫羅・路易斯[69]有部精彩的小冊子,叫作《演化:社會的和有機的》(*Evolution : Social and Organic*)(芝加哥,1908)。其中有一篇關於德弗里斯[70]的《突變》(*Mutation*) 報告,在這篇報告裡他用更多的事實詳細論述了這一立場。但即使有這些書籍,科學理論的發展仍一邊倒地強調了一個觀點:科學是經濟刺激的反應。

因篇幅有限,我只能對過去一又四分之一世紀的科學理論給出最簡單的描述。

---

69 亞瑟・莫羅・路易斯 (Arthur Morrow Lewis, 1873-1922),社會主義演說家,代表作:《演講的藝術》(*The Art of Public Speaking*) 等。

70 雨果・瑪麗・德弗里斯 (Hugo Marie de Vries, 1848-1935),荷蘭著名植物學家和遺傳學家。第一批研究基因的遺傳學家之一。他也是孟德爾豌豆實驗的三位重現者之一。

當資本主義從封建主義——偉大的法國革命——的衝突中擺脫出來後，繼續擴大自己的統治地盤。在精神上，他們是反傳統的、革命的。正是在這個時期，居維葉[71]關於地質學和生物學的災變論成為了科學理論的共識。在解釋不同於任何生物物種的動物化石的存在時，居維葉認為，過去經常發生災難（地震或火山噴發），這些災難消滅了生命肌體的形式，並用新創造的生物體填補了空白。這個理論同時解釋了地球表面的形成過程，是同樣的大災難開闢了海洋和湖泊，還堆積出了山脈。

與居維葉同一時代的是拉馬克[72]，他宣布了一個正確理論：動物遺傳自與自己不相仿的動物。但是，兩人的結局卻大相徑庭。拉馬克含羞而死，而居維葉卻飛黃騰達；當居維葉受邀宣讀拉馬克的訃告時，還趁機對他進行了好一番詆毀。

到了19世紀中葉，資本主義逐步穩固，封建主義的殘渣餘孽和行會制度的限制（以及英國的保護性關稅限制）已徹底消除，資產階級可以隨意處置無產階級了。總之，革命理論在資產階級的事業中不再有用了。既然改變勢在必行，那就順其自然吧。因此，廣泛接受生物學和地質學的革命理論已蔚然成風，所以，儘管牧師們怒火中燒，但任何事情都阻止不了達爾

---

71 居維葉（Georges Cuvier, 1769-1832），法國解剖學家、古生物學家和動物學家。有「古生物學家之父」之稱。代表作：《動物界》（*Le Règne Animal*）等。

72 拉馬克（Chevalier de Lamarck, 1744-1829），法國博物學家，生物學偉大的奠基人之一。代表作：《動物哲學》（*Philosophie zoologique ou exposition des considérations relatives à l'histoire naturelle des animaux*）等。

拉蒙特的第四封來信

文和華萊士[73]的自然選擇規律以及查爾斯・萊爾爵士[74]的地質均變理論對科學界的全面征服。同樣的事情在上星期五（1909 年 2 月 12 日）也發生了。在紀念亞伯拉罕・林肯和查爾斯・達爾文百年誕辰會上，許多受邀發表向林肯致辭的牧師，也情不自禁地添加了向查理斯・達爾文致敬的內容。

達爾文跟拉馬克一樣，教導我們說，動物從與我們不相仿的動物祖先那裡演變而來，動物物種的演變是循序漸進的，非常緩慢。誠然，達爾文和拉馬克在動物演化的方式上存在分歧，但在我列出的這些細節上，他們是一致的。然而，拉馬克卻聲名狼藉，而達爾文卻被大多數人看成 19 世紀最偉大的天才。為什麼會出現這種差異呢？經濟狀況是唯一有脈可循的答案。

查爾斯・萊爾爵士特別強調，地球表面的細微變化隨時都在發生。他將地質突變的作用降低到極其微不足道的地步，於是，他成為了公認的現代地質學之父。查爾斯・萊爾爵士教會了我們很多寶貴的真理，他所注意到的微小變化，實際上一直在發生著，但它們累積出來的效果卻是巨大的。而在萊爾那一時代之前，這些變化卻為人所忽視，無人關注。但是，憑藉自己的偉大聲望，他將這一完全沒有依據的理論拔高到神聖的教義高度 —— 用拉丁語咬文嚼字地翻譯過來，就是「大自然未產

---

73 阿爾弗雷德・拉塞爾・華萊士（Alfred Russel Wallace, 1823-1913），英國博物學家、探險家、地理學家、人類學家和生物學家。華萊士因獨創「自然選擇」理論而著名。

74 查爾斯・萊爾爵士（Sir Charles Lyell, 1797-1875），英國地質學家、律師，是均變說的重要論述者。

生飛躍。」

　　達爾文教導我們說，自然選擇利用了生物最為細微的變異，在其為生存而進行的奮鬥中，給予生物個體最令人意想不到的有利條件。這些無限微小的變異不斷固化和累積，最終導致了新物種的產生。在達爾文進行研究的同一時期，在奧地利布隆的一個修道院的花園裡，有一位僧侶也在進行著研究。他之前曾在維也納學習過自然科學，此時，他也發現了遺傳法則。這位僧侶叫格雷高爾・孟德爾[75]，他發現並建立了遺傳規則。他的研究，使我們從數學角度幾乎能夠預測任何可以想像的雜交試驗結果。順便說一下，他的研究還表明，高度等方面的輕微變異，也許對變異發生的個體具有顯著的好處，但是，不會再次出現在不利生存的個體中。同理，也不太可能再次出現在其後代之中。孟德爾的卓越成果，於 1865 年發表在《布魯恩自然歷史學會會刊》（*Proceedings of the Natural History Society of Brunn*）上，剛好在達爾文發表了著名的《物種起源》6 年之後。說句公道話，據我們所知，達爾文對孟德爾的工作一無所知。對我們重要的一點就是，在那時，似乎這一發現並沒有市場，因為自然選擇發生作用的基本元素必須包括「飛躍」，換句話說，必須包括非常顯著且大量的變異。雖然透過達爾文和華萊士的努力工作，已取得了足夠的證據，但還遠遠不夠。事實上，孟德爾的這篇論文，本該一鳴驚人的，但卻為人遺忘和湮滅了，直到 20 世紀的曙光到來之時，才被劍橋大學一些執

75　格雷高爾・孟德爾（Gregor Mendel, 1822-1884），奧地利遺傳學理論學家、天主教聖職人員、遺傳學的奠基人。

著的科學家重新挖掘出來，它才得以復活。

到底發生了什麼事，讓一大群學術男女從思想上準備接受自然科學中的災變理論呢？可能只有一個答案 —— 日益壯大的國際社會民主主義的出現。經濟狀況造就了 3-4,000 萬名熱情的男女，他們堅定地為革命奮鬥著。可是，他們當中兩半球的學術菁英卻屈指可數，這就是災變理論的「需求」。於是，19 世紀末的最後 10 年間，科學開始提供「供應」。現在，這種供應正迅速發展，但要想跟上新理論發展的步伐，卻給人帶來困惑，而且還存在一種風險，那就是 20 世紀的頭 10 年，我們最優秀的科學家所教授的內容將是，自然只創造飛躍，所有的發展都是透過災變或革命達成的。不管怎樣，我們有理由相信，在社會主義隊伍中，不懂科學的指控不會再指向革命者。可以預料到，在 20 世紀的第二個 10 年，機會主義者和改革者將會利用自己的聰明才智回應經常投向自己頭頂的指控。

19 世紀末期，荷蘭的植物學家雨果·德弗里斯注意到阿姆斯特丹花園裡有一些與眾不同的月見草，它們來自常見的美洲月見草自然播種的植物。「他在自家花園裡做試驗，」路易斯先生告訴我們，「有一項試驗連續做了 13 年的時間。他發現了超過 5 萬種月見草，繁衍了八代。其中有 800 種是在 7 種新的基本物種上突變分離而來的。這些突變，在自體受精時，或從其他與之類似的植物受精時，繁殖的物種與自己完全一樣。因此，他得出了真實物種試驗的結果。德弗里斯還觀察了原來物種取材的田地，發現那裡也發生了相似的突變，因此，這種突變並不是人為培育的結果。」

這是 19 世紀對突變生物學的主要貢獻。華萊士和大多數達爾文主義者都一直認為，細小的變異或彷徨變異，是自然選擇作用的基本要素。除此之外，德弗里斯還認為，達爾文已經承認了物種可能發生突變的說法。在這一點上，他很可能是正確的，儘管達爾文一生都心無旁鶩地致力於為「彷徨變異」提供充分的證據。

劍橋的龐尼特[76] 先生，是孟德爾的主要宣導者，關於彷徨變異這個題目，他在自己寫的《孟德爾主義》（Mendelism）（劍橋，1907）中說，哪裡看起來彷徨變異是遺傳的，哪裡就很可能「實際上發生了微小的突變。」他將上述案例總結如下：「毋庸諱言，突變是可繼承的。而彷徨變異的傳遞，卻沒有非常有利的證據。因此，把突變當成演化論的主要基礎，而非唯一基礎，是合理的。」

記住，這是鐘擺極端式的擺動方式。龐尼特的確承認了自然選擇也保留有某些微小的變化，但他將這種變異重新定義為「微小的突變」。演化論從中推斷出大自然只有透過巨變才發生作用的結論，是合情合理的。就像機會主義改革者從達爾文的教誨中推斷出大自然只有透過演化才發生作用一樣。實際上，對於將生物學轉化為一門截然不同的學科 —— 社會學，這兩個案例都沒有給出合理的理由。

因篇幅受限，我不再涉獵其他學科中的相似變化了。湯瑪斯 · 希[77] 教授，一直負責舊金山市附近的馬雷島（Mare Island）

---

76 龐尼特（Reginald Crundall Punnett, 1875-1967），英國基因學家。

77 湯瑪斯 · 希（Thomas Jefferson Jackson See, 1866-1962），美國天文學家。

的美國天文臺，他對地震進行了深入的研究，並在位於費城的《美國哲學學會會刊》（*Proceedings of the American Philosophical Society*）上發表了他的研究成果。他還在《太平洋月刊》（*Pacific Monthly*）的 9 月刊（1908 年）上，以更為通俗的方式總結了自己的研究成果。他的結論是，所有的山脈，都是由海底日久經年的裂縫所引起的地震造成的。對你來說，這還不夠成突變嗎？它是真的嗎？我不知道，但它似乎已經得到諸如瑞典物理學家阿瑞尼斯[78]和法國天文學家卡米伊·弗拉馬里翁[79]這些科學家的首肯。這至少確切無疑地表明，一些山脈是透過這種方式形成的。所以，我們必須對舊的地質均變論來一個了斷了。

天文學自身也無法抵抗當時的突變論潮流。在 1909 年 1 月的《哈潑斯雜誌》（*Harper's Magazine*）上，堪薩斯大學的羅伯特·甘迺迪·鄧肯[80]告訴我們：「拉普拉斯[81]的星雲假說不再

---

78 阿瑞尼斯（Svante August Arrhenius, 1859-1927），瑞典物理化學家，提出了電解質在水溶液中電離的阿瑞尼斯理論，研究了溫度對化學反應速率的影響，得出阿瑞尼斯方程式。1903 年獲諾貝爾化學獎。

79 卡米伊·弗拉馬里翁（Camille Flammarion, 1842-1925），法國天文學家和作家。他是出版了超過 50 本書的多產作家，其中包含關於天文學的科普書籍、數本知名的早期科幻小說、和一些關於通靈術的書籍。

80 羅伯特·甘迺迪·鄧肯（Robert Kennedy Duncan, 1868-1914），美國工業化學家。

81 拉普拉斯（Pierre-Simon Laplace, 1749-1827），法國天文學家、數學家和物理學家，法國科學院院士。拉普拉斯總結和推廣前人的工作，寫出他的五卷著名傑作《天體力學》（1799-1825），集各家之大成，書中第一次提出了「天體力學」的學科名稱，是經典天體力學的代表著作。

站得住腳了。」它的地位已經為芝加哥大學張伯林[82]教授的「微星假說」所取代。這意味著，現代天文學家認為，太陽系的形成不是因為灼熱的氣體星團以非常緩慢的速度冷卻之後，在幾乎無限長的時間裡形成了氣環，然後又構成了一個個的行星；而是因為遠古時代的太陽突然發生了爆炸，造成災難性的襲擊，才形成了我們現在的行星。為了描述這些襲擊的特點，他用了這一個詞：「災難性的」。

……今天，已很難列舉一項科學研究，不會不使用災難理論。

黑格爾的名言：「一切皆為無，一切都在形成，」正成為所有科學的根本假設。化學家探究了放射性物體之後，向我們指出了一種化學元素變成另一種化學元素的方式；即使古時的煉金師聽到這個消息，也會歡欣雀躍的。在討論這一觀點時，呂西安·龐加萊[83]說：「物質是宇宙中最穩定的，這一我們本能上就親近的想法，應該拋棄了。相反，我們必須承認，無論何種物體，都是極其緩慢的爆炸分裂發生後產生的結果。」（《新物理學》（*The New Physics*），阿普頓，1908）

讓我們謹慎一些，切勿再走入極端，否認真理和緩慢演化的成果。但讓我們帶著同樣的決心，欣然接受災難性巨變的必然和效果！

你看到了，親愛的孟肯先生，我毫無保留地承認，我們社

---

82 張伯林（Thomas C. Chamberlain, 1843-1928），美國地質學家和教育家。1893 年創辦了《地理學報》。

83 呂西安·龐加萊（M. Lucien Poincare, 1862-1920），法國物理學家。

會主義者之所以信仰社會主義理論和觀點，因為我們相信它們就是我們的想法；因為我們相信，我們信仰它們，有利於維護自己的利益，維護人類的利益。但對於那些反對社會主義的人來說，他們之所以反對，因為他們相信這麼做有利於維護他們自己的利益。

我認為，在這種經濟基礎最不會受到質疑的領域 —— 自然科學領域 —— 我已經闡明了這些信仰的經濟基礎，所以，我認為也許該將萊斯特·沃德的理念當成放諸四海而皆準的理念了。

雖然社會主義朋友的信仰和社會主義敵人的信仰，都取決於經濟基礎，但他們之間卻有著天壤之別。社會主義的基礎在穩步加固，而且在力量和硬度上也都有所增強；而反社會主義的基礎卻正在瓦解和分崩離析。與此同時，機械化進程的影響也在四處傳播，在廣度和深度上都在擴大，也讓生活標準化進行得更為徹底。因此，機械化進程一方面培育和激發了社會主義渴望，另一方面也在吸食著意圖阻攔社會主義的力量。除非能夠指出某一妨礙和阻緩機械化進程的影響力正在傳播，否則，你必須承認，大多數人成為社會主義者的日子，近在咫尺。這是一種「演化過程」，我和我的同志們（無論你認為他們是高層社會的人還是低層社會的人），都有「一種無法遏制的渴望，想助上一臂之力。」

雖然在這篇信手摘引的論文裡，我清楚地看見經濟基礎的作用，但在讀了托斯丹·韋伯倫那篇令人眼前一亮的論文〈科學觀點的演化〉後，我才明白，只要科學是一個被人打來打去

的羽毛球，它就不會成為名副其實的科學。只有社會革命最終消滅了階級界限，真正的科學——不是階級科學，而是一個廣泛意義上的人類科學——才會真正誕生。

文學，也在等待社會革命的勃勃生機。「在階級文明之下，」馬庫斯·希奇[84]說道，「所有的文學，以及所有的科學，都可以稱為玩具作品，它們不直接為人類進步服務，只是偶爾才為人類服務。科學和發明為公司所使用，主要用於謀取利潤。所有的新發明，只是擴大了剝削領域，創造了更多的公司。玩具文學和玩具藝術，只為同一階級的娛樂服務，它們只影響了社會的表層，不與真正人類生產的尊嚴相呼應，因為人類不參與其中，它們也沒打算讓人類參與其中。」（《歌德的浮士德》（*Goethe's "Faust"*），芝加哥，1908，第 38-39 頁）

索菲亞大學的艾爾弗雷德·奧丁，在其偉大的作品《偉人是怎樣練成的——評現代法國文學家》（*Genese des grand homes, gens de lettres frangais moderns*）（巴黎，1895）中，可能更為清晰地表達了同樣的觀點：

「文學是一種模糊、縹緲的自發之物，就其起源而論，它不是這樣的。但就其本質而言，它又是如此。文學的幽靈，許多歷史學家和文學評論家都想喚醒，並樂此不疲。文學是名副其實的人類產物，因為它基本上是來源於對人有意識的干預，而不是來自簡單的人類自然演化。只要文學能真實地反映某些社會階層的內在思想，它就是一種自然現象，既不是國家的，

84　馬庫斯·希奇（Marcus Hitch, 生卒年不詳），美國社會學者、評論家。代表作：《歌德的浮士德》等。

也不是民眾的。只有當文學發端於人民的內心時，當文學懷著平等的熱情用於表達整個世界的利益和激情時，它才能屬於國家。法國文學卻並非如此。除了少數作品外，都是少數特權圈子的喉舌而已。雖然它煞費苦心在民眾中傳播，但總體上毫無生趣，與民眾格格不入，而其中的緣由恰是如此。生於溫床之中，就無法承受風雨的吹打。無論原因如何，只有當所有民眾被帶動起來對文學產生了興趣，一個真正的國家文學才會應運而生，成為社會各個階層的共同財產。」（第 564 頁）

發生在文學界和科學界的事情，也同樣發生在藝術界。但這封信早已超長，所以，我情願以威廉·莫里斯的話解釋今天為什麼沒有真正的藝術之原因所在：「總之，」他說，「奴隸制橫亙於我們和藝術之間。」

你希望在有生之年看見真正的科學繁榮嗎？那麼，成為一名社會主義革命戰士吧！

你希望看見偉大人類文學的綻放嗎？那麼，成為一名社會主義革命戰士吧！

你希望看見所有人的一生都因藝術而美麗起來嗎？那麼，成為一名社會主義革命戰士吧！

徵兵辦公室的大門一直向你敞開著。

你的

羅伯特·瑞夫斯·拉蒙特

孟肯給拉蒙特的第四封回信

孟肯給拉蒙特的第四封回信

親愛的拉蒙特：

你在上封信起篇談論的是拾荒者，我也效仿一下。那位拾荒者，你說得非常準確，是許多社會主義的主要對手喜歡的一號展品。他們好奇，在社會主義國家，誰會去自願做拾荒工作呢？他們的好奇心進而轉化成了否定：不會再有拾荒者了。如此描繪起來，社會主義的風景畫就會展示出令人不屑的一面。一堆堆的垃圾讓公路面目全非，水庫裡死貓遍地，羅浮宮堆滿了丟棄的番茄罐頭，鼻子在大聲呼救憐憫，傳染病令人類深受其害。

這似乎是尊敬的托馬斯‧迪克遜[85]牧師的反社會主義小說《同志》（*Comrades*）中的主要情節。他的社會主義之島上的同志，在決心娛樂時，就徹底忘記了平凡世界裡日常單調的勞作。有超過一半的女人想成為合唱團女孩、大學教授或富有的寡婦，有10%的男人想在國家銀行業的祭壇上犧牲自我，卻沒有一位英雄選擇垃圾車，沒有一個人提出看顧排水管道系統。

這場景裡不乏幽默，但也掩蓋了許多真相。實際上，拾荒者絕不是最丟臉的人，他的職業也從未缺乏過自願者。事實上，他的社會地位顯然比出賣肉體者（無論男女）、小偷或乞丐要高。浪漫一點兒說，殯葬工和拾荒者，都是美國鄉村裡受人尊敬的居民，即使在費城那樣的大城市，自由的選民也曾經選舉過一位殯葬工當了市長。曾經剷除了運河區[86]裡蚊子的那些

85　托馬斯‧迪克遜（Rev. Thomas Dixon, 1864-1946），美國洗禮教牧師、作家、劇作家和演說家。代表作：《豹斑》、《同宗者》、《同志》等。

86　運河區，指在中美洲巴拿馬共和國中部地區。

拾荒者，會名垂青史。用不了多少年，他們的雕像將令科隆[87]的公共場所增光添彩。訓練有素的護士要花費一半的清醒時間收拾醫療垃圾，醫生、水手、牛奶工——所有的體面人，都是如此。灰塵，香皂廣告告訴我們，是家庭婦女永遠的敵人。你我都是拾荒者，當你用拂塵掃衣服時，你也是了。當我將煙灰彈出窗戶而不是彈到鋼琴後面時，我也是。

是的，不存在對拾荒者的偏見。更準確地說，有潔癖之人，反而對其情有獨鍾。就我目前所看到的，沒有人表現出對拾荒者的主觀排斥。那位每天早晨叫來清理我垃圾桶的人，是「愛國秩序之子」[88]裡的大人物，其政治影響力要比我強上 10 倍。在選舉日那天，他沒去工作，而是投身於動員大量滿腔熱情的普通民眾——我有幸成為了其中的一員——的工作中。在選民集會上，他手舉火炬，像狼一樣嚎叫。在我到達投票站時，發現他早已投完了票，他的票正好抵消了我的票，這讓我感到由衷的安慰。也許，以後他會再去投票，因為他終日無事可做。而我，必須趕回桌旁，完成我的文章〈共和制與專政〉（*The Republic versus Despotism*）。

綜上所述，我同意你的觀點：令人尊敬卻好幻想的迪克遜以及所有社會主義的批評家，他們慶祝拾荒者成為了自己的救贖者，他們賦予了自己英雄的角色，卻永遠不會贏得勝利。

不管怎樣，雖說不是心甘情願，而且還冒著成為叛徒的風

---

87 科隆，巴拿馬第二大城市。

88 「愛國秩序之子」（Patriotic Order Sons of America），美國本土主義者組織之一，成立於 1847 年，反對移民和天主教。

險，我終究不得不出現在這些批評家的陣營中，因為我反對社會主義對拾荒紳士的看法。然而，我的論調，卻與這些批評家的論調有著實質性的差別。他們在社會主義中看見了一種將會消滅拾荒者的體制，而我在社會主義中看見的卻是一種將會提升拾荒者，讓他獲得神一般榮華富貴的體制。在當前的民主制度下，如果拾荒者心懷抱負，就會成為與愛迪生或賽勒斯·菲爾德[89]齊名的人物——在某種特定場合和某些特定方面。在社會主義之下，他就會與各個時代、各個領域的卓越天才並肩媲美！

　　換言之，一個人，只要他是人，就適合參與世界上所有最莊嚴、最複雜事業的判決，這一理念與社會主義有著不可分割的關係。這一理念還堅持認為，無知者的聲音應與博學者的聲音一樣受到尊重，得到傾聽。它還主張說，建築小工對禮帽和啤酒桶的渴求聲，應與埃爾利希[90]對癌症之謎的渴求聲一樣得到重視。它還堅持說，俄羅斯出身的裁縫，連指甲剪都是髒兮兮的，還熱衷於對稀奇古怪、無可理喻的教義進行荒謬的文本探究，可居然會與那些征服荒漠、馴服閃電的偉人相提並論。它也目睹過預言與神聖，不過是在微不足道的小事中，比如一個終日醉生夢死的黑人流浪漢，出生時也是沒有尾巴的。它為「人類」貼上玄乎其玄的標籤，將其變成「智慧」、「忠誠」和「明

89　賽勒斯·菲爾德（Cyrus West Field, 1819-1892），美國實業家、慈善家。美國大西洋電報公司的創始人。

90　埃爾利希（Paul Ehrlich, 1854-1915），德國細菌學家、免疫學家，曾獲 1908 年諾貝爾生理學或醫學獎。他預測了自體免疫的存在。

智」的同義詞，從而用來作為區別一個階層與它下面階層的修飾語。你可以盡情抗議，盡情修飾你所定義的「平等」，但是，有一條真理是鐵打不變的：如果一個人與另一個人同樣出色——「在上帝面前」或「身為一個市民」——這一說法被刪掉了，那麼，對於有理性的生物而言，社會主義就不再通俗易懂了。

我聽你問道，我與政府論辯經過被統治者同意了嗎？我是在提議推翻我們的民主政體，然後建立某種形式的絕對君主制或寡頭政體嗎？根本不是。在權衡一切之後，我確信，你也會如此，當前美國和英國實行的共和政府，與世界上的所有政府相比，都是最完美的、最安全的、最有效的政府。但這種相對的安全和有效，不取決於它擁有《獨立宣言》這種用華麗的辭藻所表達的永恆真理中，而取決於這一事實：再美的語言終究還是語言。就是說，政府需要付諸行動，不僅因為這是在行善積德，而且因為政府的理念恰好難以實現。所以，每一年，我們都要重申一下這一理念：所有人都是自由平等的。在 12 個月的所有日子裡，我們都在全力付出，只是為了證明：人並不是自由平等的。

民主必須是人們永久保留的幻覺，恰如天堂裡的希望，可以讓卑微之人獲得娛樂和安慰，卻永遠難以捕捉。在這一點上，文明是幸運的。如果文明真的能給予每個公民平等的聲音去管理世界——如果提供機械化是切實可行的，並能藉此讓大多數人的集體意願得以正確記錄，隨即自動並有效地加以貫徹——那麼，不用 6 個月，民主理想就會淪為荒誕，所有的

孟肯給拉蒙特的第四封回信

進步都會停滯不前，情感將替代理智。制定協調一致的政府政策，不過是天方夜譚。作為管理機構的政府，它的思想成為大多數卑微的普通市民的思想——這種思想，注定無法捕捉由進步的少數人所建立的內涵豐富的思想。想法越幼稚，越會被急切地接受，進而投入實踐。偏見越無理，它所獲得的珍重越不顧一切，生存的時間也越為長久。

舉一個例子，也許會把這件事講得稍微清楚一些。國家農業部所做的工作，具有重要意義，我想你很了解這一點。它極大地增加了國家財富，減少了農民的勞動時間，提高了娛樂時間，也大大提高了生活水準。然而，如你所知，在其起步階段，它所付出的努力遭到了 90％美國農民的嘲弄和反對。即使今天，農民們還把農業部當成好管閒事的對手。就在幾個月前，當有專家跋涉整個馬里蘭州向農民示範如何提高玉米產量時，還遭到了一片非難之聲。

假設在過去，成立農業部被當成了需全體民眾進行公投的項目，假設所有的選票都公平計算，你相信占有這個國家十分之七之多人口的農民，會投贊同票嗎？我想不會。假設農業部建立了，成為一個雖非常有用、能打破傳統但卻令人厭惡的機構，你相信民眾公投會支持它嗎？再一次，我想不會。

幸運的是，在現存的已變質的民主制度之下，這個國土上的自由民眾不可能在所有管理事務的裁判中留下身影，即使在涉及綱領性政策的重要事務中也難做到。誠然，理論上講，他們透過投票裁定綱領性政策，但在現實生活中，總是那些有智慧的少數在駕馭他們，收買他們，牽著他們的鼻子在走。使用

蠻力對付暴民成為常態，但他們很少意識到這是開化政府的權益之計。為了國家利益而執行某個計畫，忠誠而睿智的總統就會犧牲自己再次當選的良機，選民就不會在即將來臨的 11 月那天選他。但他身後依靠的是國家權力，他仍可實施自己的計畫。如果再次發生危機，國家產生了分歧，睿智的少數和最底層的多數之間發生了衝突，後者試圖主張上帝賦予的「權利」──用野蠻代替文明，那麼，那些不留情面的事情，就由槍炮來做好了。剝奪權利似乎成為了獨立宣言的註腳。在這一點上，馬爾庫斯‧布魯圖斯[91] 和三 K 黨如出一轍。在專制統治下，橫亙於奴隸與其致命的且難以饒恕的錯誤之間的，是殺人害命。而在共和體制下，橫亙其間的是將文明從奴隸手中解救出來的專制統治。

我還提過一些次要武器，如賄賂和詭辯。你同我都清楚，它們每個武器是如何發揮作用的。你也知道，它們最終所起的作用只會造成傷害。如果政客們不能欺瞞哄騙選民，華盛頓的國務卿就會玩弄鄉村水果店的經營伎倆了。我們都是幸運的，政府中真正命運攸關的大事情很少留給多數人決定。如果碰巧多數人參與了競選活動，政府總有辦法顧左右而言他，令普通民眾瞎折騰一番。而當他們真正做出選擇時，往往集中在胖子和瘦子之間，陳腐和謬誤之間，孿生兄弟之間。一個候選人建議遏制信託公司，而他的對手也建議遏制信託公司。總是有關於身分的吵鬧──最終，兩位躊躇滿志者中間的幸運兒，

91 馬爾庫斯‧布魯圖斯（Marcus Brutus, 西元前 85- 西元前 42），古羅馬共和國的一名元老院議員，後來組織並參與了對凱撒的謀殺。

才能獲得機會。一旦走馬上任，他就不再關注競選中的現實問題了。取而代之，他會全身心致力於落實他很少提及的那些想法，也許還在謀劃之中，但他知道它們的重要性和價值。舞臺上的那些陳詞濫調已經完成了它們的使命，沒有人會在下次競選之前再次聽到。

我認為，相比於蠻力和詭辯，賄賂經常更為有效，可以對抗賤民階層無休止的胡攪蠻纏。當然，它還比蠻力委婉，比詭辯光彩。少數人決定了賄賂的需求，還有它的供給，多數人則心懷感激地接受了賄賂的錢。在我那光榮的馬里蘭州，50％的選民期望──不，是要求──選舉人購買自己手中的選票。如果碰巧選舉日那天沒有人出價，他們就會困惑之至，不知該投票給誰。我聽說在一些城市，足有90％的選民從政黨競選資金中得到了酬金。可怕嗎？根本不可怕。設想一下，這些豬玀畢竟在投票箱裡記錄了自己的思想！設想一下，東海岸的馬里蘭州所提出的誠懇建議，無論黑白，竟然都變成了國家法典上的法律！如果這都成為了現實，那麼，稱呼基督教牧師為蠢驢，就有可能是違法行為；而將雞舍門上鎖，也許就會罪加一等。

然而社會主義者，無論你們願意承認與否，卻建議消滅那些用來區分良莠的合理且順應天意的缺陷。一個哀怨滿腹的無能之人，一直在申訴受到了不公和壓迫，你告訴他必須透過票箱才能滿足自己的願望。「投票給德布茲[92]，」你對他說，「有酬

---

92 德布茲（Eugene Debs, 1855-1926），美國工會領袖、國際工人聯合會與世界產業工人的創建者之一、社會黨創始人之一，曾4次代表社會黨競選

勞，不僅你會獲得滿意的薪資，你的老闆也有分成；投票給德布茲，你每年就會獲得 5,000 美元；投票給德布茲，你的工作時間每天就會縮減到 2 小時；投票給德布茲，工會的規章制度就會成為共和國的憲法。」好吧，假設他這麼做了，而且也獲得了他所追求的一切。那麼現在，他已心滿意足，正懶洋洋地躺在奢華之中，每年拿著 5,000 美元，一天 22 個小時都無所事事。於是，他掛上了祖母的肖像，買了自動演奏鋼琴和帶鑽石飾扣的襯衫，每半小時喝上一罐啤酒。這種愜意生活，會令他感覺滿意嗎？我想不會。一旦他可以與之前的雇主在經濟上和政治上平起平坐，他就會繼續強力推行自己的平等，無論是在經濟上還是在政治上。簡而言之，他要成為政治家、辯論家、哲學家 —— 最終，上帝保佑吧！只有那些志同道合的人，才會成為他心目中的英雄。那些思想上的巨人，都會被他派到通向議會的排水溝裡做事；他的工會老闆，正雄心勃勃地要奪取總統寶座；而負責布景的祕書，將會去聖詹姆斯宮 [93] 任職。

我親愛的拉蒙特，這幅畫面決非異想天開。鄉巴佬對強者的猜忌，不會因社會主義而減少，反而會加深。我們的拾荒者，即使他在經濟和政治上與艾略特先生和洛克斐勒先生平起平坐，仍會滿懷疑慮地看待他們 —— 如果在帶有社會主義傾向的國家中，真的有這種人的話 —— 這種態度，是所有低層社會的人內在的、頑固不化的特徵，他們總是帶著猜疑的目光看待那些比自己有著更為複雜的抱負、道德標準和理想的人

美國總統，被認為是美國最知名的社會主義者之一。

93　聖詹姆斯宮，英國君主的正式王宮。

們。他們對那些寧願讀書也不願沐浴在陽光之下的人也懷舊怨，而且不會在這個世界消亡。古老巫術的叫喊聲仍在響起。低層社會的人，一旦有機會，還是喜歡毛遂自薦成為自我階層的代言人，於是，這個階層的聲音就變成了他的聲音，這個階層的思想進程他就可以抓住不放。社會主義永遠改變不了這一現實，與其說它是經濟學問題，不如說是解剖學問題。

當前，在低層社會的人占壓倒性多數的選區，如果選派他們的代表進入國家立法機構，有兩件事會模糊和淡化其代表的邪惡權力。其一，他在那裡幾乎找不到同伴，因為普通低層選舉機構都非常腐敗，所以，階級情感很容易為金錢所征服，他無法讓別人感覺到自己的存在。其二，一般來說，他自己也難免腐敗。如果你真正接觸過美國任何一州的政治，你就會非常清楚，容易被收買的立法者通常來自工人和農民階層。鄉村的政治家，在到達首都之後，會努力爭取制定自己的利益所要求的瑣碎的地方法律。之後，他就會將之賣給出價最高的一方。立法機構所面臨的更為重大的問題，在他理解力所及的範圍之外，他不明白，他也不想明白。我就切身體會到一個案例。有一座大城市，急需國家立法機構的授權對公共安全進行整改，卻無法得到，因為在其憲章中規定：不能為城鎮成員買選票。毋庸諱言，如果有時間，這些城鎮成員會熱切地修改憲章，讓賄選合法化。

社會主義不會將這些一根弦的野蠻人變成文明人。雖然擁有每年 5,000 美元的收入，22 小時的休閒時光，但他們仍會緊緊抓住爵士樂、黃色期刊、消過毒的法蘭絨褲子和浴缸不放，

仍會害怕下地獄，害怕學習。但在社會主義制度下，你說，他們就會有閒暇時間接受教育了。哪怕仍習慣於一天玩一小時的紙牌，他們還會用另一小時的時間學習約翰‧斯圖爾特‧穆勒[94]和奧古斯特‧魏斯曼。這個理論雖然美妙，但事實上，恐怕只是天方夜譚。從廣泛意義上講，教育不僅是專業知識的累積，也不僅是休閒和金錢的問題，更是傾向和能力的問題。今天，美國的普通孩子，無論黑白，不必花費父母的錢就可以百分百地接受教育，就像赫伯特‧斯賓塞，他的大部分教育自始至終都是從別人那裡獲得的。在很多州，教育是義務的。但即便如此，我們創造出的人才能與斯賓塞相媲美的，還是鳳毛麟角。

事實上，令高層社會的人脫穎而出的能力：思維嚴謹又善於獨立思考，典型的低層社會的民眾是根本學不會的。憑藉你義無反顧的付出，他可以像鸚鵡學舌般學習一些基礎知識，甚至可以想方設法成為學校的校長，當他仍然是個愚鈍無知之人，絕對差不了。還有一種可能，你發現他連最起碼的知識都無法汲取。二項式定理，如同波斯的名言警句一樣，只會令他一頭霧水。表面上看，他缺乏無法理解他人思想的能力；更深層次上講，他所表現出來的，恰是他無法形成自己新觀點的缺點。

---

94 約翰‧史都華‧彌爾（John Stuart Mill, 1806-1873），英國著名哲學家、心理學家和經濟學家，19世紀影響力很大的古典自由主義思想家。代表作：《論自由》（*On Liberty*）、《政治經濟學原理》（*Principles of Political Economy*）、《功利主義》（*Utilitarianism*）等。

　　歸根結底，這種人不會思考。在某個特定限度內，他還可以馴化；可是超出那個範圍，他就步履維艱。

　　公立學校從不希望將他培養成才，讓他脫離自己的階層。在學有所成之後，他必須停下腳步──他天生就是無法教化之人。畢業一年後，他就幾乎忘記了學校所學。21歲時，共和國正式接受他成為某個委員會成員，然後按照命中注定的安排在排水溝裡做事，腰上還繫著帶子抵禦風濕，雖然汗流浹背，但他的心情卻輕鬆愉快。

　　階層隔閡不是人為的，親愛的拉蒙特，而是自然形成的。在一直討論的首陀羅[95]的學校裡，坐著一個孩子，他的未來將處於排水溝之外。他也來自最低階層，但他是一個變數，一次突變。他渴望學習知識，而且有能力接受它。他也許會成為明天的伽利略，或成為新一代挖壕溝的拿破崙──拿壕溝挖掘者的辛勞做買賣。但是，拋開實際的勞作者不談，無論他的進步是大是小，他必須成為一個永久的活見證：有一個階層的人，要比他們這一階層的人高貴──一個比他們更為智慧的階層，更容易達到人類工作效率的極限。對於特權階級，還有特權，他的優越性一無是處。根據生物學的永恆真理：在所有更為複雜的多樣性生物中，個體之間有著巨大的差異。當這些差異達到極限時，會產生一個幾乎無法用生物命名的階層，一個遠比物種探尋的道路更為先進的高級階層。

　　黑人流浪漢不是受害者，他們未受到機遇和壓迫的迫害。

95　首陀羅，印度四種姓中的最下等級，即奴隸。

有為他準備的學校，有為他準備的工作，只是他拋棄了它們。四十多年的自由歲月，幾乎未給予他任何機會去表明，自己的毅力其實闡釋的只是職位論。實際上，今天，這個種族的個體最值得稱道的地方，就是他一如其祖輩一樣勤勞和忠誠，而他的先祖卻是奴隸。我非常清楚，黑人當中有一些才華橫溢之人，正如雖然俄羅斯的猶太人當中的大部分族群是無能之輩，但也有一些沒有生活在骯髒之中的非凡之人。在生物學意義上，黑人與其種族名副其實。除了變壞的人之外，發生變異的人少之又少。應該說，在這個時代，我至少認識五百名黑人，在所有這些人當中，拋開傾向的好壞不談，只有不到十人展示出了與其種族與眾不同的傾向。

社會主義，就我理解，給出的建議就是讓這些野蠻人掠奪文明。社會主義認為，野蠻人應該獲得比流浪漢更多的回報，因為舒適和奢華代表了最高階層的理想和創新，它們就應該大大方方地傳遞給這些寄生蟲。社會主義還建議關注和滿足這些野蠻人的渴望，考慮他們的意見，幫助他們在州政府中謀職，賦予他們響亮的名號以示尊嚴，稱呼他們為兄弟。我親愛的拉蒙特，我無法贊同這一提議。雖然出生在與南方接壤地區，但對南方人，我既無偏見也無同情。我認為，就這個黑人流浪漢而言，只要我們忍住沒有像對待更為低賤的寄生蟲那樣採取滅絕的措施，就已充分甚至過分地忠誠於人倫理想了。而這種理想，往往會與權宜之計和人類的常識發生激烈的摩擦。

現在言歸正傳。我注意到，在你的信中，有一部分指控我懷有神人同形同性論思想，進而推選我為循道宗教會成員。在

此，我天真的朋友，你在玩文字遊戲，因為你對神人同形同性論的含義瞭若指掌。如果你知道其含義的話，就一定非常清楚，我信仰的是「革命過程是一種善舉，而且是永恆的」，所以，不可能成為一名神人同形同性論者。但我假設你對這個詞的含義認知錯誤，所以我現在嘗試解釋這一概念。

神人同形同性論，是一種神學理論，它認為宇宙是由某一或某一類特定的生命管理的，他（們）的思想進程和情感與人類相似。就是說，神人同形同性論中的神，其實就是無所不能、無所不知的人。希臘人認為，這樣的神存在一個種族，就像雅典人生活在雅典一樣，神生活在奧林匹亞，縱情聲色，玩弄政治，勾心鬥角。現代的救世軍戰士相信只有一個神，他們所描繪的這個神就是放大了的、虛幻了的卜威廉將軍[96]——一位德高望重，卻有點霸道、報復心強的老人，留著白鬍，擁有一大批追隨者。救世軍成員相信神掌控著世界，就如同卜威廉將軍掌控著救世軍一樣，他獎賞忠臣，懲罰叛徒，一刻不停地監督著忠貞與叛逆。

其他的神人同形同性論派描繪的人造神的畫像，多多少少都有些異想天開，而且在細節上千差萬別。有一派認為，神有時進入真正人類的軀體之中——他過去這麼做過，將來也會這麼做，比如基督教使徒派和伊斯蘭教。還有其他派認為，神將受恩賜的人類提升到自己的等級，然後將他們立身於自己的右邊；有這種觀點的是摩門教和天主教。然而，還有一派認

96　卜威廉將軍（General William Booth, 1829-1912），英國救世軍的建立者和領袖。

為，自己種族的首領獲得榮耀之後變成了神。因此，所有其他種族都是低下的。傳播這一鼓舞人心教義的是猶太教。

你會注意到，神人同形同性論的核心，就是從本性上，神被賦予了人的特性。他不但有智慧，而且還極其情緒化，可以發脾氣，有激情，有偏見，甚至還迷信。對待他喜愛的人，他彬彬有禮，寬厚為懷；對他不喜歡的人，他嫉惡如仇。為了獲得他的恩寵，甚至為了從他那裡獲得起碼的公平，逗他開心是必修的功課。你可以在他面前自貶身分，也可以為他做出犧牲，甚至真金白銀地賄賂他。神有大量的耳目、密探和特使，他們為他收費，告發敵人，管理事務。總之，神熱情如火，嫉惡如仇，卻脾氣暴躁，時不時地像中世紀的主教那樣大發雷霆之怒。

現在，在我看來，這個好感情用事的人，並沒在宇宙進程中表現出來。事實上，神絕不會感情用事，缺乏情感是其主要特徵。有史以來，人類一直試圖從中看到對錯的概念 —— 某種神人同形同性論的觀點 —— 卻總不能如願。我們有些人，常將社會進程作為評判標準 —— 比如，國家法律的運用 —— 根據他們的觀點，神通常極其匱乏道德，而且乏味至極。我們那個特定的神會懲罰罪惡，回報正義；對於這一說法，雖然可以試著表白，卻永遠無法證明，甚至無法證明神會理解這些詞彙所代表的含義。我們可以假設神的存在，但所有的證據都表明神的虛無。不用赫胥黎，就可以指出神的虛無。比如人們常說的天氣，按照人類的說法，神對天氣的掌控永遠為人不知且

反復無常。不需要約翰‧波義耳[97]就可以證明，世上的邪惡經常勝利，正義經常消亡。不需要約瑟夫‧康拉德[98]，就可以表明，人類的宿命總是伴隨著死亡的降臨。

幸運的是，20 世紀的文明人不必相信這些類似人的神。我可以觀察和研究宇宙的奧祕，卻不必努力用激情和情感去解釋奧祕。了解星球是如何運作和為什麼運作的，讓我興趣盎然，可一看見限制我認知星球的藩籬，就會懷疑自己能否找到真相。然而，與此同時，我卻可以記錄這一事實：星球總是以某種方式旋轉的，自從人類第一次開始觀察研究它們，它們就是這樣。從這一事實裡，可以推斷出並非不合情理的觀點：星球將以這種方式長久地旋轉下去。於是，一切都變得簡單起來，我得出了宇宙過程永恆延續的觀點。進一步說，我會注意到這些星球的旋轉，雖然旋轉為人類個體造成了不便和折磨，卻至少引導了一個種族的緩慢發展。在我看來，這個種族在其高級階段上，似乎比它所起源的無性細胞有某種優越性。因此，我可以得到結論：從廣泛意義上講，宇宙的進程是有益的。然而，無論直接也好間接也罷，我都沒有觸及神人同形同性論的半點毫毛。

你本人就是神人同形同性論者，而我卻不是。你仍然堅守古老的神學信念：人類是與眾不同的種族 —— 因為人是「按照

---

97 約翰‧波義耳（Johan Bojer, 1872-1959），挪威作家、劇作家。主要描寫農民和漁民的故事。

98 約瑟夫‧康拉德（Joseph Conrad, 1857-1924），波蘭裔英國作家，被譽為現代主義先驅。代表作：《黑暗之心》、《吉姆老爺》、《密探》等。

神的形象」創造的，所以，人類超脫於掌控其他種族的自然規律之上。在人們認為耶路撒冷是世界首都的那個年代，這成了一個信得過的理論，但有據可查的歷史表明，歷史其實就是世界緩慢墮落的過程。當冒險家不顧聖·奧古斯丁的美妙邏輯，證明地球是圓的時，這個理論遭到了致命的一擊。當他們無視摩西，證明了地球只是無數世界之一時，這個理論遭到另外一擊。當達爾文及其同行誕生時，這個理論不再是鮮活的教理，而變成了一具空殼，堆積在陳腐觀念的垃圾堆上。但你們社會主義者卻想讓這一理論死灰復燃，讓我們所有人相信它──卻沒有看見，其堆積如山的證據，多得甚至沒有人希望明白它每日傾倒的到底是什麼。

　　信馬上要告一段落了，可我仍發現你上封使徒般的信中有許多觀點還沒來得及回應，那麼，我就闡述一兩點吧。比如，你在一個地方說，你理想中的人是「是全身心投入為人類創造幸福」的那個人，然後解釋道──還話裡有話地說──你所說的是「人類的幸福，而不是豬玀的幸福。」對此，我只能用小孩話回應說：「你也強不到哪兒去！」因為考慮豬的渴望，是你的謀事之道，不是我的謀事之道。我自己的哲學思想完全與豬無關，它所關注的是更高層次的人的目標和抱負。因為有了這些權宜之策，擴大了原本就有區別的人與豬之間的距離。但你卻為幽靈般的豬玀說話，而他們所擁有的欲望，不過是 40 畝地和一頭騾子，10 小時的牌戲取代 1 小時的牌戲，豬一般髒兮兮的閒暇，以及掠奪比自己強的那些人的機會──這個欲望，在你看來，似乎是神聖之事。你想在菁英和豬玀之間達成

孟肖給拉蒙特的第四封回信

一種平衡，將智慧和愚蠢比例均勻地攪拌在一起，達成高層次的文明。我們還是拋開豬玀的話題吧。

你辯稱說，人類個體必須忍受令人痛苦的孤獨。這一觀點需從更廣泛意義上給出答案，我無法回答。目前，我只能指出來，在你假設孤獨是無可避免的痛苦時，你做出的假設已經太多了。低層次的人對於夥伴、博愛和兄弟之情有著難以滿足的渴望，這就證明了他的低層次。他自身沒有資源，除了與同伴聯合起來，他沒有辦法保護自己，也無法自娛自樂。即使在他自己看來，他也不過是滄海一粟，毫無特別之處，不可能為人所關注。所以，他只好加入兄弟互助會，去教堂禮拜，歸屬於某一政黨。更複雜點的人，情況好些。需要時有人溝通，但這不是攔在他與難以忍受的寂寞之間的唯一阻礙。一個人獨處時，只是因為他想獨處，但他並不會因此感覺孤獨。

長久以來，萊斯特·沃德一直堅持著一個觀點：所有的人類信仰都建立在欲望和情感之上，這實在令人難以信服。同樣，你為之辯護的長篇大論，也難以令人信服。諸如天文學和生物學之類的精密科學的進步，從人類角度講，主要歸功於看似互不關聯的觀察和發現之間的偶然契合，與國家的食品供應或人民的政治主張根本沒有連繫。治療肺炎時發現了桿菌，是因為有了顯微鏡，而不是因為有了法國革命。你認為當今這個年代是「災難性的」，因此，「災變理論」就得主導所有的科學分支。對此，我無法提供一個嚴謹的答案，因為在我看來，這似乎是極其偶然且荒誕的。梅契尼可夫 [99] 的吞噬細胞理論，或

99　梅契尼可夫（Metchnikoff, 1845-1916），俄國動物學家和細菌學家，被稱

者賴特[100]的調理素理論有什麼「災難性的」元素嗎？任姆森[101]博士發現糖精，跟政治經濟學有什麼關係呢？令人恐怖的外科醫學的興起，與跟資產階級進行鬥爭有什麼關係呢？恐怕你是在開玩笑吧。如果不是在開玩笑，一定是這些詞的發音令人可悲地把你引入了歧途。

你一如既往的

亨利·路易斯·孟肯

為「乳酸菌之父」，因為吞噬作用的研究，曾獲 1908 年諾貝爾生理學或醫學獎。

100 賴特（Sir Almroth Edward Wright, 1861-1947），英國細菌學家和免疫學家。

101 任姆森（Ira Remsen, 1846-1927），美國化學家和教育家，糖精的發明者。

拉蒙特的第五封來信

拉蒙特的第五封來信

親愛的孟肯：

請允許我向你躬身道歉，因耽擱了太久未能及時回覆你上次非常有趣的譴責牧群的來信。我把精力都花費在了花園上，所以未騰出時間回信。

你上次信中大部分內容都是正確的，這一點毋庸置疑。如果立法機構彙集的是大多數現有文化程度的東海岸馬里蘭市民，那對我們這樣的文明差不多是致命的。這就是我們社會主義者熱切提升無論是東海岸還是美國和世界文化程度的原因。千真萬確，在一個階級社會，民主必然受到賄賂、腐敗或滅亡的考驗，因為階級差異衍生了行賄、詭辯和威脅，所以，我們更願意終結階級差異而不是放棄民主。罪惡不是產生於民主的本性，而是來自於民主的不足。如果將民主工業化和政治化，那麼，腐敗、行賄和詭辯就會消失。我就是這樣看問題的，你一定會將我的邏輯歸納為「低層社會的人」的邏輯，然後將你擅長且有點濫用的標槍擲向我。但無論怎樣，恐怕我也無法拋棄這一觀點。隨便提醒你，你自己曾親口說過，這個國家大多數是低層次的人，我們的民主仍然是虛幻的民主。所以，統領這個國家的思維也是低層次人的思維，這種思維斷言道：人，因為有了人性，所以，就應該有機會過上人的生活。這一論斷，是完全有可能實現的。

在上封信中，你幻想出一個怪物，自己卻被它嚇得顫抖起來，就像浮士德博士在魔神梅菲斯特面前那樣顫抖。你勾勒出一幅解放了的無產階級的荒誕畫面，他們將挖排水溝的人送進了議會。（你真認為挖溝的人，沒有在參議院裡當陪襯的那些

百萬富翁聰明和誠實嗎？）「他的工會老闆，」你告訴我，「正雄心勃勃地要奪取總統寶座；而負責布景的祕書，將會去聖詹姆斯宮任職。」

我情不自禁想起了一句俚語，它表達了這幅圖畫令我內心產生的驚顫和恐懼；算了，我還是忍住不說吧，只是想問：你說的這些有多少是事實呢？四分之一世紀以來，工人階級出身的社會主義者，源源不斷地輸送他們選舉出來的代表進入德國、法國和比利時議會，他們選擇的是「低層社會的人」嗎？他們向你表明，你所謂的「是所有低層社會的人內在的、頑固不化的特徵，他們總是帶著猜疑的目光看待那些比自己有著更為複雜的抱負、道德標準和理想的人們。」親愛的孟肯先生，其實，事實與你的看法大相徑庭。坐在德國議會裡的，再沒有比李卜克內西[102]、貝貝爾[103]、辛格[104]更為偉大的演說家或議員了。埃米爾·王德威爾得[105]是比利時最了不起的政治家，而饒勒斯[106]很可能是法國在世的演說家中最出色的了。這些都是我

---

102 李卜克內西（Karl Liebknecht, 1871-1919），德國馬克思主義政治家、律師。德國社會民主黨創始人之一。

103 貝貝爾（August Ferdinand Bebel, 1840-1913），德國和國際工人運動活動家，德國社會民主黨領袖和創始人之一。參加了第一國際，參與和創建了第二國際。

104 辛格（Paul Singer, 1844-1911），德國政治家，德國社會民主黨黨員。

105 埃米爾·王德威爾得（Emile Vandervelde, 1866-1938），比利時政治家、比利時勞工黨黨員。

106 饒勒斯（Jean Jaurès, 1859-1914），法國著名的歷史學家、哲學家和經濟學家，20世紀初法國社會主義運動最有影響力的領導人之一。《人道報》的創辦者。

拉蒙特的第五封來信

那些「低層社會」的同志們自由選舉的代表。克里孟梭[107]內閣倒臺時，法國總統提議誰去組建內閣嗎？法國實現政教分離，正是偉大的政治家白里安[108]的功勞；想當初，白里安是社會主義工人的選票將他送進了法國議會。

面對這些事實，你莊重地向我保證，你的畫面「不是異想天開，」對此，我只好一笑而過了。

在第二封信中，我闡述了預言家的作用，因對問題中存在的因素考慮不周而出現差錯。我預測「當前的經濟蕭條至少持續 7 年，除非（1）在此期間『精確知識增長了』，或者殘酷的困境引導我們建立合作聯盟；或者（2）發生戰爭。」在發出這個預言不久，在與朋友蓋洛德‧威爾希爾的交談中，他建議我說，備戰的費用像天文數字一樣增加，足以承擔為經濟復甦而發動的真正戰爭。現實情況正是如此，我們現在正在開啟另一場偉大的振興運動。德國需要為它的過剩產品尋找出路，這種需求正迫使德國與英國發動戰爭。這種行為引起了巨大的戰爭恐慌，其結果是史無前例且幾乎無法想像的軍費成長，尤其是海軍軍費。雖然看似難以想像，但 1909 年的世界軍費和海軍軍費的增加超出了 1906 年，幾乎等於俄國和日本兩國在日俄戰爭時的軍費總和。最新一期的《威爾遜雜誌》（*Wilshire's Magazine*）上有篇重要文章，列出來這些經費的具體數字。

---

107 克里孟梭（Georges Benjamin Clemenceau, 1841-1929），法國政治家、新聞記者、法蘭西第三共和國總理，法國近代史上少數幾個最負盛名的政治家之一。

108 白里安（Aristide Briand, 1862-1932），法國政治家和外交家，曾獲 1926 年諾貝爾和平獎。

我坦承自己的錯誤 —— 由不可饒恕的無知產生的錯誤，我本應該一直追蹤軍事經費和海軍經費的成長，現在我必須修正自己的預言。

　　我們現在已墜入預言氾濫的浮誇時代，其後果就是，如1905年和1906年一樣，1907年和1908年會發生經濟崩潰。經濟崩潰要持續多少時間，我不知道，但可以確定的是，與現在的工業發展狀況類似，將導致大量先進機器和生產模式的引入。因此，年產量和年薪資收入之間日益擴大的鴻溝將迅速加劇，遲早會導致比我們剛剛經歷的危機更具災難性的危機。但還存在一種狀況：只要能增加軍事經費和海軍經費，無休止地進行經費刺激，這次危機就幾乎可以無限期地推遲。此外，還有一些不確定因素，歐洲和美國的統治階級會允許增加多少稅收呢？

　　這些稅賦必須由有產階級支付，因為無產階級一無所有，無力支付。在基督教國度的每個議會裡，最近出現了對新增海軍項目所帶來的稅收最為瘋狂的反對。可以想像，在議會制政府領導下，將經濟刺激保持在合乎需要的水準，一定是天方夜譚。因此，穩妥的說法是，在經歷了世人皆知的災難性恐慌之後，中產階級將會因稅收而遭到削弱；同時，他們會比準備上次經濟恐慌時更為舉足無措。

　　這種中產階級的崩潰，對你這樣優秀的尼采主義者而言，可謂非比尋常。中產階級消亡後，去哪裡還可以滋養你的非道德主義者和超人呢？他們不可能來自道德淪落的最底層。工人階層的生活條件，我確信你會同意，不利於他們的滋生。我們

的億萬富翁也許道德淪落，成為非道德主義者，但遺憾的是，他們的數量不足以實現你的目標。另外，我猜測，他們的不道德做法並不符合你的類型。在哪裡可以找到比約翰‧洛克斐勒和約翰‧摩根更為傳統和正派的人呢？我敢打包票，你一定不會對從王孫貴胄中養育出超人抱有樂觀的態度吧？

如果你所謂的貴族式的尼采哲學成為了行之有效的哲學，而且你能讓我相信其中存在著比社會主義好很多的優越性，那麼，它的可行性就取決於對中產階級的保護了，因為你只有指望這一階級才能衍生出超人的先祖。

在過去，美國是中產階級的天堂。典型的美國理想，就是中產階級的理想。歷史上的偉大成就，是中產階級付出的成果。但即使在今天，也需要費力到處去搜尋，才可以找到那些創造美國歷史的堅韌的中產階級。鐵路和信託百貨商店，要不是消失，就是改變了撫養你我成長的那強健而可敬的階層。身為獨立製造商或商人，在對工人的剝削方面，只有做得比信託公司和百貨商店更為殘酷，才能夠生存下來。同時，只有對那些更為強大對手採取卑躬屈膝的容忍態度，才可確保經濟上的生存。無論願意與否，經濟生存狀況迫使他們不是成為馬屁精，就是變成吸血鬼，更為常見的是兩者兼而有之。相比於選舉林肯和詹森作為自己在華盛頓的代言人的那些人，真有天壤之別。

你認為，這種性格上的變化或多或少地會讓他們適合成為超人的祖先嗎？

雪上加霜的日子已經屈指可數。不用十年，一個新的凶影

會朦朧地出現在經濟視野中，他還沒有取名字，但我會採用韋伯倫教授在其傑作《論資本的本質》（*On the Nature of Capital*）中賜予它的名字：金錢大亨。

　　馬克思的資本家與韋伯倫的金錢大亨是有區別的。其區別在於，雖然他們都是工廠、鐵路等行業的擁有者，透過攫取工人的剩餘價值累積財富，但金錢大亨不只是資本家，除了當資本家——按馬克思所言——攫取金錢之外，他還擔當資本證券的交易商，贏取了巨額的利潤。他當資本家獲取的利潤來自工人，在大多數情況下與他的經商能力沒有明晰的關係。如果身處歐洲或被拘禁在精神病院裡，他也會賺得一樣多。身為金錢大亨，他在市場上賺的錢來自於中產階級（充其量是小百萬富翁，有時也包括他的兄弟大亨），這筆錢除了與他的能力有著一目了然的關係之外，還取決於經紀人和律師的能力。因為是金錢大亨，他可以憑藉自己的喜好毀掉當初發家的行業，而且這種事情也屢見不鮮。

　　我們目前擁有的這類金錢大亨，韋伯倫指出，花費數年的精力和活力集聚了足夠的資本，已經建立了金錢大亨的權威。一旦累積了必要的資本，他們就失去了利用這股巨大力量的熱情了。要見識到一位擁有金錢大亨權力的年輕人代表，能夠像拿破崙那樣充分發揮權力和精力的，還需時日。但是，哈里曼所呈現出來的一兩絲跡象，值得我們在不久的將來拭目以待。

　　對於中產階級而言，大多數鐵路股票和債券是相當安全的

拉蒙特的第五封來信

投資。但先是傑伊·古爾德毀掉了伊利鐵路[109]，後有哈里曼毀掉了芝奧鐵路[110]。自從奧爾頓事件[111]後，投資者就幾乎夜不能寐了。

遲早有一天，注定會出現一位金錢大亨，他將羅斯福的精力和殘忍與拿破崙的權力、哈里曼的尼采式的強硬、希爾的精明結合一體。隨著這位金錢大亨的降臨，失眠將如流行病一樣在所有階層中氾濫起來，唯有工人階級才能倖免於難。於是，人們將投資轉向了安全領域，但最終也還是難以如願以償。

在那些小百萬富翁裡，極度的不安全感將令他們身心俱疲。於是，所有睿智的男男女女都會成為社會主義者，社會革命將會以和平的方式得以達成，以至於經年之後，幾乎沒有人知道這裡曾發生過革命。

這就是我的看法，我的哲學觀。在我看來，它既切實可行又勢所必然。假設拿破崙式的金錢大亨否認社會主義結局，那麼，你的貴族哲學就變得既不可行又全然沒有可能。我再問一次，你孕育的非道德論者在哪裡？

但是，我們之間有區別的不僅僅在經濟上，從倫理和哲學角度上看，我們也大相徑庭。我認為，「沒有人只為自己活

109 伊利鐵路，傑伊·古爾德透過對小鐵路的證券進行投機買賣，逐漸控制了伊利鐵路。
110 芝奧鐵路，指從芝加哥至奧爾頓的鐵路，現稱為奧爾頓鐵路。
111 奧爾頓事件，指哈里曼在 1899 年和 1900 年對奧爾頓鐵路進行的重組，重創了原本經營良好的奧爾頓鐵路。

著。」最瘋狂的斷言則來自麥克斯‧施蒂納[112]，他說：「一切唯我為最。」我認為，尼采教授的是瘋狂哲學，他做過的最有邏輯的事情，莫過於自己變瘋了。我們所知道的最神聖之物，就是人之個體，他對其他個體有著錯綜複雜的責任；若踐踏了這種責任，就永遠不會實現高層次的或者崇高的自我發展。整個宇宙及其內在的一切，都是跨越時空相互連繫的辯證統一關係。你我都透過各種各樣的紐帶與所有的男人和女人 —— 當然，還有早於我們生活在地球上的類人猿、猴子、爬行動物和魚類 —— 連繫在一起。我們還與那些後來的人有著同樣緊密且不可分割的關係。總之，我們與地球上所有的男人、女人、獸類、鳥類、樹木、花朵都有著同樣緊密的連繫。無視人類的統一性和宇宙的內在連繫，最終只會導致瘋狂的邏輯。

機械化的引入，容易將一切生活都程式化，因此束縛了個性，就像中國女人因裹腳而導致了腳部畸形。叛逆精神，抑或叫個性解放運動，在文學上是以一種高雅的方式表現出來的，拜倫、雪萊和歌德的作品，都充滿了這種叛逆精神。直至上世紀中葉之後，叛逆精神才被麥克斯‧施蒂納帶入了錯誤且瘋狂的極端。雖然尼采在自己的《查拉圖斯特拉如是說》（*Thus Spake Zarathustra*）中為叛逆精神裹上了詩一般美麗的外衣，但他所做的，不過是重複了施蒂納的放縱言語。但非常奇怪的是，極端個體主義者總是聲稱易卜生是他們的先知之一。但是他們忘記了，易卜生不但用《玩偶之家》豐富了世界 —— 華

---

112 麥克斯施蒂納（Max Stirner，1806-1856），德國哲學家，小資產階級無政府主義的創始人之一。代表作：《唯一者及其所有物》等。

麗地表達了個體擁有的權利甚至是責任：成為自己並過自己想要的生活 —— 他還奉獻給了我們《小艾友夫》（*Little Eyolf*）和《海上夫人》（*Fruen fra Havet*），豐富了《玩偶之家》（*Et dukke-hjem*），從而向我們表明：幸福，只有在愛和為他人的工作中才可以獲得。

易卜生本可避免如此廣泛的誤解，因為他很早之前就在《玩偶之家》中宣講了積極的個體主義福音。在《培爾·金特》（*Peer Gynt*）中，他對不計代價地想「成為自我的荒誕付出，給予了最辛辣、最真摯、也最暢快淋漓的諷刺，指出這種行為會導致道德上的混亂 —— 要不就是墮落 —— 和思想上的瘋癲。

你一定記得開羅的瘋人院院長貝葛利芬費爾特博士 —— 瘋子裡的凱撒 —— 怎樣問候因「保持了自我的真正面目」而狂躁的培爾吧。

「皇帝？」培爾說道。

「皇帝！」院長回答道。

培爾：可是這樣的榮譽我當不起。這超出了⋯⋯

貝葛利芬費爾特：在這樣的時刻，不要再故作謙虛了吧。

培爾：容我點時間。我無法勝任。簡直暈頭轉向。

貝葛利芬費爾特：暈頭轉向？你？曾經破了獅身人面像所出的謎的人。一個保持自己真實面目的人！

培爾：問題正在這裡。我在各方面都保持了自己的真正面目。可是，看來這裡人們都失去了自己的真正面目。

貝葛利芬費爾特：失去？不，不。可惜你弄錯了。正是在

這裡，人們最能保持真正面目，純粹是真正面目。我們的船滿張著「自我」的帆，每個人都把自己關在「自我」的木桶裡，木桶用「自我」的塞子堵住，又在「自我」的井裡泡製。沒有人為別人的痛苦掉一滴眼淚，沒有人在乎旁人怎麼想。無論思想還是聲音，我們都只有自己，並且把自己擴展到極限。因此，既然我們需要一位皇帝，你肯定是最合適的人選！（蕭乾譯——譯者注）

同樣的哲學問題也使培爾·金特和弗里德里希·尼采成為了瘋子裡的國王。

你也一定記得當鑄鈕扣的人過來取培爾的靈魂並將它放在鑄勺裡熔化時，培爾還堅持讓鑄鈕扣的人回答問題：

「你說 『保持自己的真正面目』，這是什麼意思？」

鑄鈕扣的人回答道：

「保持自己的真正面目，就是殺死自我。」（蕭乾譯——譯者注）

這句話是當代最偉大、最理智的個體主義者的肺腑之言，但也是耶穌名言的翻版：「因為凡要救自己生命的，必喪掉生命；凡為我喪掉生命的，必得到生命。」（《聖經·馬太福音》16：25）

透過撰寫《培爾·金特》和《小艾友夫》，《玩偶之家》的作者向我們表明，他跟耶穌一樣，都充分意識到，愛是真正高貴的個體主義繁榮的唯一土壤。

雖然不像易卜生那麼溫情，但馬克思和恩格斯同樣清晰地

表達了這一思想。在社會主義運動的經典著作《共產黨宣言》中，在描寫未來社會時，他們寫道：

「代替那存在著階級和階級對立的資產階級舊社會的，將是這樣一個聯合體，在那裡，每個人的自由發展是一切人的自由發展的條件。」

團結，是個性自由發展的前提。耶穌、易卜生、馬克思和恩格斯都是個體主義者，他們都理智地意識到，愛是個性表現的最高層次，也是最高貴的形式。尼采和培爾·金特對這一簡單的真理置若罔聞，所以他們變成了瘋人院裡的皇帝。

今天，許多喬托已經沒有機會發展自己的個性了，因為他們沒有被契馬布埃般的慧眼發現的那種運氣。社會主義的目標，不是為每個喬托找到一個契馬布埃，而是讓生活水準均等。這樣，喬托就不必再需要契馬布埃了。我們認為，不是每個男孩和女孩都有喬托的天才，但我們認為每個人都有值得發展的個性。同時，每個發育遲緩的人、每個侏儒、每個萎縮症患者，都在某種程度上讓世界變得更為貧窮了。當前對個性不計後果的犧牲，剝奪了生命的樂趣和差別。

因此，我親愛的孟肯先生，以個體主義的名義 —— 也許這在你看來有些奇怪 —— 我再一次呼籲你成為我的同志。

你真誠的
羅伯特·瑞夫斯·拉蒙特

孟肯給拉蒙特的第五封回信

孟肯給拉蒙特的第五封回信

親愛的拉蒙特：

　　除了心理學研究這棵獨苗之外，大學教授最擅長的現代崇拜，莫過於社會主義了。在之前的通信中，如果我沒記錯的話，你將大學教授列為我的支持者——有一個什麼教授，他滅殺了遺傳學理論；還有東一個西一個的奧地利統計學家、吟遊詩人、超人，以及亞歷山大的丟番圖[113]和湯姆·勞森[114]的雜交體；緊隨其後的，還有為了 5,000 美元和 1 小時 22 分 30 秒的工作日而不辭勞苦的莊稼漢；還有各種各樣的大學生啦啦隊教練等等。整體而言，有具名的有匿名的，有留鬍子的有長相奇葩的，有自信滿滿的有稀奇古怪的。而現在，在通信接近尾聲時，又來了位韋伯倫教授，帶著他所發現的金錢大亨——一個不可思議而且顯然聞所未聞的猛獸，長著血盆大口，心口還流淌著鮮血。

　　我熟悉韋伯倫教授的名字，不止一次聽說過他的猜想。他的金錢大亨也絕非陌生，因為我極認真地讀過最後一位傑佛遜主義者、專欄記者亨利·華德生[115]的著作。華德生一直對韋伯倫教授持嚴厲的批評態度，稱他為財閥政治的地獄獵犬。在我看來，華德生是位非常受人尊重的老古董，其地獄獵犬的說法也由來已久。在中世紀的威尼斯，人們稱呼夏洛克為地獄獵

---

113 丟番圖（Diophantus, 約 200、214-284、298），古希臘的重要學者和數學家，代數學的創始人之一。代表作；《算術》叢書等。

114 湯姆·勞森（Thomas William Lawson, 1857-1925），美國商人和作家，代表作：《共和黨歷史》、《13 號，週五》等。

115 亨利·華德生（Henry Watterson, 1840-1921），美國記者、專欄作家，為美國干涉第一次世界大戰贏得公眾支持發揮重要作用。

犬。夏洛克把安東尼奧當成了獵物，而安東尼奧的獵物，卻是那座美麗城市周圍棲息海底的魚類。夏洛克不是行業領袖，因為他那個時代的猶太人還沒有發明成衣行業。他是一名純粹的金錢大亨——一個高利貸賭徒，一個圈養恐慌的飼養員，一個為金錢驗屍的表演明星。你所描述的韋伯倫式的大亨，跟他簡直如出一轍，就像一個模子刻的一樣。

當安東尼奧接到通知，說「滿載貨物的商船」要耽擱幾日的時候，上帝似乎青睞了夏洛克，因為正是這種不幸的意外，才讓夏洛克的影響力彰顯出來。安東尼奧，這位誠實的船主，向來不會做投機買賣，有錢時總會無私地借給他人。現在，他身處困境，不得不與這個猶太人達成妥協。猶太人淋漓盡致地展現了趁火打劫的功夫，只有讓他的受害人消失得無影無蹤才會讓他心滿意足。對金錢的欲望，僭越了一切，也讓他孤注一擲。唯一令他動心的，就是那難以遏制且前所未聞的陰險欲望。他想徹底摧毀一位偉大的商人，就像多年以後，傑伊·古爾德想要毀掉鐵路一樣。因為只有這樣，他才可以向所有的威尼斯人宣稱：他，夏洛克，是沙皇裡的金錢沙皇。他「能夠像拿破崙那樣充分發揮權力和精力，」不僅腰纏萬貫，而且總好異想天開。

但不幸的是，他最終還是栽了跟頭。因此我斷言，任何試圖步其後塵的金錢大亨，最終一定會落得同樣的下場。其道理在於，任何金錢大亨，無論他多麼身價不菲，也無論其多麼道德淪喪，畢竟只是茫茫眾生中的一凡夫俗子，其身價性命，如你我一樣，只繫於毫髮之間。割斷這根頭髮，他就不會再作

為基督的仇敵令人恐懼了。如你所言，資本的威力和震懾力，說一千道一萬，不在於資本本身，而在於資本後面的野心和狡詐。夏洛克創造了自己的發明，他要求割一英鎊的人肉。威尼斯的法律判決他可以擁有這磅肉，但威尼斯的法律畢竟也要反映共和國公民的意願，因此，它還判決說，割完這磅肉後，夏洛克有生之年現金簿上再不允許有金錢入帳。因此，夏洛克面臨著簡單得不能再簡單的境況：要不是放棄安東尼奧的一磅肉，就是放棄自己的生命。最終，他選擇了後者。

雖然看起來奇怪，但我相信未來的金錢大亨們將面臨差不多同樣的境況，因為他們試圖實踐韋伯倫噩夢般的宏大偷盜行為，吞噬所有弱小的百萬富翁，直至將他們趕回工作崗位，然後繼續用你提到的那種失眠病菌為中產階級接種，再將小麥麵包的價格助推到 6 美分，8 美分，10 美分，1 美元，10 美元，100 美元 —— 於是，在一個晴朗的清晨，一顆鍍鎳的毛瑟槍彈頭就會從「陪審團素昧平生的某個人或某些人的手中」飛出來，呼嘯著穿過金錢大亨的心臟。於是，他再也不會麻煩這個本已亂糟糟的世界了。「暴君就該如此下場！」民眾終將戰勝金錢大亨！

我看見你發抖了。你是位哲學家，憎惡戲劇故事和流血事件。你還是名不可知論者，沒有殺戮時鬼神學者們的虛張聲勢。你相信世界的悲傷終有盡頭，但它不會終結於謀殺，而只能終結於法律。就像令人悲傷的威廉・布萊恩[116] 和其他新秩序

---

116 威廉・布萊恩（William Jennings Bryan, 1860-1925），美國政治家、律師，民主黨和平民黨領袖。

下的預言家一樣，你崇尚法制。你建議透過修改憲法，取消等級制，還建議利用眾人皆知的國會法令、海綿和手術刀，以及另一項國會法令——麻醉劑，對全體民眾進行血腥的大手術。

我親愛的拉蒙特，你對這種「雖然如此仍要解決」的一廂情願，在我看來，與迷信天啟、聖幕以及其他虛無縹緲的基督巫術一樣，荒誕可笑之極。我確信，在很大程度上，法律是果，而不是因。因此，法律在世界變革中只起到微不足道的作用，它必然處於事件後面，而且距離事件前面還有不小的距離。在闡釋事件時，法律經常離譜到令人吃驚的地步。比如，第十五修正案 [117]。再比如，英國自由黨為了制止在下層社會中實施自然選擇規律而在議會中提出的法案。雖然人人皆知選擇權是每個文明人的寶貴傳統之一，但擁有了選舉權並沒有使美國黑人成為文明人。同樣，人人皆知，有能力之人最引人注目的地方，就是他們永遠不會被餓死；而且，英國為了使流浪漢和無能者不被餓死，費了九牛二虎之力。但是，英國顯然並沒把他們轉變成有能力之人，可以隨心所欲地掌控自己的生活和幸福。

現在，我有些得意忘形，所以居然談起了準政治學（political quasi-science）裡的星際空間了。其實我只是想表明，多虧了韋伯倫教授的金錢大亨生命有限，韋伯倫的夢想最終只變成了黃粱一夢，而沒演變成深重的罪孽。毋庸置疑，集巨額財富和史詩般不朽生命於一身的人，將會誕生在未來的這個世

---

117 第十五修正案，其內容是：禁止聯邦或州政府根據公民的種族、膚色或以前曾是奴隸而限制其選舉權。這條修正案於 1870 年 2 月 3 日通過。

界，但要我心甘情願地認可他們可能實現吃人肉的野心，是萬萬不行的。人類的生存，決不是無伴奏的獨唱，而是一場戰鬥，連落水狗都會對人類造成致命的傷害。假如戰鬥的時間、地點、條件或武器發生了改變，落水狗也許就會搖身一變成為看家犬。恐怕，我該言歸正傳了，暫且拋棄狗的話題，來談談金錢大亨吧。在謀取金錢的奮鬥中，比如說金錢大亨和普通民眾，顯然，大亨擁有巨大的優勢，因為賺錢就是他的職業，他擁有得天獨厚的資源，賺起錢來自然遊刃有餘。但假設這位大亨的努力突然從賺錢轉向了為生存而奮鬥，或者為了逃避牢獄之災，那麼，他還有什麼優勢可言呢？根本沒有。相反，他的劣勢比比皆是——他會處於極大的劣勢之下，任由其對手宰割。那時，世界上根本無解救他的辦法，因為他一旦入獄，其股票使用權如同他的汽車一樣，毫無用處。而一旦金錢消失殆盡，想要購買自己的自由，恐怕只是一場空了。更有甚者，一旦他的眾多對手中有一個人毅然決然地下定決心，為了公眾利益，金錢大亨必須死去。那麼，金錢大亨的死期就已注定。而一旦丟掉了性命，他就不再是什麼金錢大亨了。

對所有這些問題，有一個顯而易見的答案。過去和現在的經驗都證明，金錢大亨是不會處於這種危險之地的。比如，約翰·洛克斐勒，他進過監獄嗎？我要殺死他，有人這麼想過甚至這麼提議過嗎？當那筆估價 32,000,000 美元的罰款落在他頭上時，除了蘭迪斯[118] 大法官當成了真事，認為他要繳交這筆錢

---

[118] 蘭迪斯（Kenesaw Mountain Landis, 1866-1944），美國大法官，因對印第安那標準石油公司開出天價罰款而聞名。

之外，還有誰會信以為真呢？親愛的拉蒙特，身為真正的朋友，我提醒你迴避這清晰可見的答案，因為潛伏其中的是對社會主義的嚴厲批評。關於這一點，我還想要解釋一下。這種批評建立在一個事實之上，那就是大多數思想健康的人都認為你們社會主義的稻草人和妖魔與人無害。總之，美國人之所以允許約翰·洛克斐勒存在，就因為在對他傾注了巨大關注，還有在傾聽了所有要消滅他的請求之後，他們做出了決定——其慣常的決策者有領袖、老闆和法官——殺死他，送他進監獄，或者沒收他百萬資產的行為，都是幼稚的，沒有意義的。的確，洛克斐勒靠出賣石油賺得巨額利潤，但讓一國的商人相信他的成就在本質上就罪孽深重或令人不齒，勢比登天還難。的確，他將大筆錢都花在了看不見成效的福音傳教事業上，但那些納稅人，他們要為保護不交稅的修道院、清真寺和傳教場所的員警和消防員交稅，有誰沒做過類似的事情，誰又會投出第一枚懲罰的石子呢？（《約翰福音》8:1-11。耶穌說：「你們中間誰是無罪的人，誰就可以先拿石頭打她。」）沒有人會，約翰是地獄獵犬，他永遠不會投。他貴重如鯡魚，在政治選舉中舉足輕重。他是非道德論者，為一些女性雜誌的供稿人謀生添加佐料。對約翰的生活方式和所作所為，普通美國人心中所唯一恆久長存的情感，就是嫉妒。上帝不公！我也心存嫉妒，消費者亦如此，嫉妒約翰，但並不憎恨他。

你難道在說，約翰並不是最糟糕的——他的企業和明智的投資，在某種程度上調節了貨幣流動的速度——從根本上說，他並不是真正的金錢大亨嗎？真為你感覺遺憾！善良的社

孟肯給拉蒙特的第五封回信

會主義者維護洛克斐勒的場景，即使再留有餘地，再保有歉意，也難免不雅。無奈之下，我只好親自出馬為他說上幾句公道話，以免你遭受名聲掃地之苦。我要說的是，我承認洛克斐勒不是韋伯倫所言的金錢大亨的標準樣本，因為他的主要業務是賣油，而不是劫掠股市。的確，這種劫掠方式，如他自己描述的那樣，主要以自衛的名義，打著合法甚至值得稱道的幌子。他不是投機商人，他的活動與你所謂的退休店主、寡婦和靠養老金生活的人毫無共同之處，他們正因為傾盡所有投資於墨西哥煤礦和其他前景看似美妙的事業而徹夜難眠。

雖然洛克斐勒不夠資格成為金錢大亨，但這並不妨礙我們談論他。他不屬於韋伯倫教授所言的金錢大亨，但這並不能證明金錢大亨只有社會主義者所指控的一種。你也許會爭辯說，這種金錢大亨確實存在，他身體健康，養尊處優，只不過屬於非道德論者，心眼壞了，自我意識過強，臉上總好帶著鄙視的神情。第一天，我們在芝加哥小麥市場的角落裡發現了他；第二天，他卻出現在紐約，手裡捧著金盆。凡是合法的商業和工業，無論自己有沒有興趣，他都經營。他的生意就是以饑荒時的價格出售商品，以高利貸的利率借給他人資本。總之，他在恐慌、貧困、飢餓和匱乏中獵食，從災荒、災難和上帝的行為中獲取非人道的利潤。他的名字，在小麥市場裡或在交易所外

的街頭，就是喬‧萊特[119]、柯帝士‧哲德溫[120]或者查利‧莫爾斯[121]，他是臭名昭著的白吃飽主教，也是毫無愛國之心的卑劣政客。

　　對這種人，有什麼值得稱道的嗎？現存的政治經濟制度、倫理道德或神學中，有什麼可以為他辯護的嗎？有人為他付出的艱辛勞動提議過投贊成票嗎？我想不會有，即使教堂，雖然它曾讓那些燒死女巫、暴君、惡棍、布魯諾和令伽利略屈服的野蠻人都登上了名人榜，但他也不會，哪怕一向將這個冒險者摟在懷裡的那個教堂也不會。的確，教堂需要洛克斐勒的錢，它甚至向他點明，自由要有度，但它不會保證他冥河之外什麼是安全的行為。總之，整個世界都與洛克斐勒為敵——只有世界變成了道德主義者，然後坐下來平靜思考他的過失時，世界才會換成另一副模樣。

　　你想必明白我的意思了。我的意思是說，世界幾乎不會變成道德主義者，可以坐下來平靜思考任何事；世界就是世界，它發現任何認真的冥想都是折磨人的，也是病態的。世界的行為，與女人如出一轍，不是理性的產物，而是情感的奴僕。時不時地，狂怒的風暴會席捲而至，像拍打蒼蠅一樣，瞬間就會將這位金錢大亨拍倒在地，而不會認真考慮它過去制定的法

---

119 喬‧萊特（Joe Leiter, 1868-1932），美國商人，靠囤積小麥發跡，後與父親一起建立了著名的齊格勒煤炭公司、後成為美國著名的馬歇爾‧菲爾德零售公司的聯合創始人之一。

120 柯帝士‧哲德溫（Curtis Jadwin），美國作家法蘭克‧諾里斯的作品《陷阱》中的人物，芝加哥交易所的小麥投機商。

121 查利‧莫爾斯（Charlie Morse, 1842-1900），美國商人和民間運動領袖。

律，也不會考慮現已淪為罪犯的受害者的權益。這時，這位金錢大亨只會以一種形象出現 —— 要不是一個十足的惡棍，就是一個不值得同情的無賴，再就是一個不可饒恕的罪犯。至於他的其他形象 —— 也許還是自由人，或者是納稅人，法律應保護他享有財產；再或者有一個或幾個妻子和無數的孩子，等待他的撫養，他對全浸式自由泳、星條旗的榮耀和蘭姆酒的危害極有見地 —— 所有這一切，都已為人所遺忘。他的形象，不過是被抓住的罪犯，正等著接受處罰。而與此同時，民眾的怒火已經點燃，一心只想將他吊死。

但慶幸的是，對所有這類紳士的憤怒情緒，都維繫不了多長時間。你和我，雖然我們任性、不敬，卻發現自己當初出離的氣憤很難持續一刻鐘。窗外的擂鼓聲停息不到 10 分鐘，我就開始詛咒聽憑鼓聲折磨自己的救世軍和法律。當第一股鮮血噴湧出來還不到 10 分鐘，你就將做孽的剃鬚刀從菸灰缸裡搶回來。相比之下，民眾的憤怒持續時間較長，但還是不夠長。在英雄主義的助力之下，民眾不計後果的憤怒有時能維持一個月，但這已達到它的最高極限了。假如沒有意外的謀殺事件鼓舞士氣，假如法庭進展緩慢不能做出判決，假如保守的委員會還沒準備好報告，民眾的怒氣就會重新回落到攝氏 37 度，脈搏降到了 75，恢復了正常反應。然而那時，按常理上看，金錢大亨已經破產了。他那孀居的媽媽為了挽救他免受牢獄之災，只好將自己微薄的積蓄捐獻出來。

是的，民眾的憤怒轉瞬即逝，即使爆發也不會出現暴力。的確，十次中有九次，金錢大亨不會令民眾怒不可遏。對於農

民而言，金錢大亨給出的小麥價格是實際價值的 2 倍，他是以經濟救世主的形象現身的。對於消費者而言，拋開義憤填膺的社會主義者和美食家，金錢大亨提供了烘烤麵包的煤氣，這些人又會以何種眼光看待他們的壓迫者呢？他們會譴責他為罪犯，強烈要求驅逐他嗎？我想不會。他們會呼籲自己的代表制定法律懲罰金錢大亨，甚至強制執行早已存在的法律嗎？幾乎不會。他們會燒掉金錢大亨的塑像，搶劫他的宮殿，將其卑賤的妻子送上斷頭臺，煽動年輕人鄙視他嗎？恐怕不會。他們之所以不會這麼做，親愛的拉蒙特，在於他們正忙於慶祝遊戲的勝利。將小麥市場逼入絕境，這是遊戲的巔峰時刻，進攻、反擊、衝刺、躲避和出其不意的一擊，都讓這場遊戲精彩紛呈。這場遊戲，如同規模宏大的情景劇一樣扣人心弦，其主人公 12 英尺高，強壯如牛。遊戲比重量級拳擊冠軍賽還要精彩，勝過小型的戰爭，它有懸念，有動作，有高潮，堪稱精彩絕倫。

我敢斷言，對於金錢大亨殘酷無情的劫掠行為，民眾的通常態度既是如此。一旦認真審慎地對待金錢大亨，試圖評估他所作所為中的道德、作用和最終效果，如我之前認為的那樣，就會有人提議消滅他。但你不得不同意，民眾畢竟是民眾，對他們而言，如此的深思熟慮有些勉為其難。對民眾而言，反思是件痛苦且不招待見的事情，其中必然存在些許邪惡的味道。反思所帶來的必然結果，似乎就是矛盾、窘迫和疑惑。民眾往往想讓自己從激動的情感中擺脫出來，讓情感的內在意義為人所忘卻。依據經驗，民眾發現，對原因的探究注定產生不快的情緒，這種情緒敏銳得如同在星期天穿上祈禱服時所產生的情

孟肯給拉蒙特的第五封回信

緒一樣，又如單腿獨立那樣枯燥乏味。喧鬧聲從何而來啊？樂隊開始演奏了，小丑已來到場地中間！走吧，去看更精彩的演出吧！誰會在乎這裡呢？

　　但是，金錢大亨，他怎麼辦？這能證明他與世無害嗎？絕對不會。它只會證明，經過一年一年，民眾選擇了以自己心目中的形象看待金錢大亨。如果他變成了大財閥摩根，他會數以十計地侵吞信託公司，在吸盡了精華之後，再傾吐出來。如果他變成了超級信託公司或一般信託公司的大老，他就成了英雄，百分百的英雄。這如戲劇般精彩，征服了民眾，令他們陷入癲狂，就像最活躍時的小伊娃[122]，又如《基督山伯爵》中令人毛骨悚然的「一個！」[123]，如果他變成了年輕的芝加哥賭徒，將自己的百萬資產都押在了下個月的小麥價格上，他就成了某個美化了的夏基[124]，帶有庫克[125]醫生和懷特兄弟[126]的某些風範。有人認為他會賭贏，有人認為他會輸掉，但所有人都希望這是一場激烈的較量。如果他贏了，他仍舊是公眾人物，直至下一天才的出現。如果他輸了，他會受到一日哀悼，就像大衛被哥利亞的軍隊使用陰謀伎倆謀殺了一樣（《聖經·撒母耳記上》第17章）。

---

122 小伊娃，《湯姆叔叔的小屋》中的人物。

123「一個！」，基督山伯爵每殺死一個人，都會說一句「一個！」。

124 夏基（William Sharkey, 1847-?），美國政客也是罪犯，因男扮女裝從紐約監獄越獄而出名。

125 庫克（Frederick Albert Cook, 1865-1940），美國探險家、醫學家和民族學家。

126 懷特兄弟（Wright Brothers），美國著名科學家、發明家，飛機的製造者。

民眾只能做到這些了。但是，你的那些「小百萬富翁們」命運如何呢？傳染開來的失眠症會折磨他們嗎？他們同樣會為喧囂吵鬧所吸引，同樣會將道德和資產負債表拋在腦後嗎？經驗證明，他們不會。只要正在行賄的大亨發現了業內規則，窺視到其中有足夠的空間實施復仇，他就會一門心思賺取賭資，無論明天還是後天，他只關注輸贏。但如果他妄行耍賴，或靠耍威做橫而結束比賽，那麼，他的滅亡注定快速而必然。白手起家時，他是令人眼前一亮的對手；現在搖身一變成為號令一方的匪首。如果他是詹姆斯‧傑羅姆‧希爾，他一定已卸任了伊利諾斯中央鐵路的職務，變成了白髮老人。如果他是查利‧莫爾斯，定會被鐵路一直送進了墳墓。

　　我曾經為結識一位金錢大亨 —— 天啊！可真費了不少勁，他是從鄉下發跡的，他的父親給他留下了不菲的財產。某位更為遙遠的祖先 —— 也許是一個海盜，或是一名激進的傳教士 —— 遺傳給了他對土地的強烈欲望。外表上看，他頭腦冷靜，嚴以律己，熱情家鄉，敬畏上帝，是位真誠的循道宗信徒。但在內心裡，勃勃野心如烈火一般正在燃燒。可以想像，這一切令他的性格獨具魅力。他未做過邪惡之事 —— 當然，也與美德無關。褻瀆神靈，會讓他瑟瑟發抖。然而在生意場上，他的冷酷無情卻令人心驚膽戰。但這個人並不貪婪，因為這不是錢的問題，而是權力的問題，權力才是他的渴望。他想操縱價格，玩弄股市，提名議員。他渴望無限的權力，不僅僅在生意場上，而且在政治上和社會上，他都要呼風喚雨。

　　於是，這位金錢大亨開始控制一種商品，沒有了這種商

品，人類生活會變得無法容忍。老百姓必須擁有這種商品，時不時地要買它。他慢慢地、有條不紊地迫使價格提高。產生競爭時，他就毀掉它。這時，消費者會抗議，社會心理學者和好事之徒開始譴責他，但他手中握有令人眼花繚亂的證據，可以隨時為他辯護。同時，他變得富有起來，有了名望。民眾有時對他氣惱，但日復一日，他從容地將民眾身上激發的這種氣惱轉變成了羨慕，於是，他變成了明星市民，改進公共環境要進行決策時，選舉市長時，都要去諮詢他。人們懇請他出山做官。總之，公眾得拍他的馬屁了。

在獲得了顯赫的榮譽之後，他試圖尋求進一步的發展。換言之，他打算將家鄉城鎮裡的「小百萬富翁們」淪為自己的跟班。但說起來容易，做起來難。因此，他買了家銀行，開始擴展股票公司業務，於是，他進入了股票市場，獵捕那些不太敏感的股民。開始時，有不少心懷不軌的反對意見，因為城裡的金融家們都是些守舊之人，他們的做事方法和理想，如同他們的銀行帳戶一樣，都有三四百年的歷史了。但不久，他們當中有遠見之人得出結論：與這個冉冉升起的金錢大亨一起做生意，要比與他對抗更為實惠。而他需要他們的資本，因此，他允許他們加入進來。

於是開啟了激動人心的航行，駛向如霞光般金光燦燦的富饒之地。而船上已人滿為患，德高望重的銀行家們不惜屈尊，找到地方就好；思想活泛的年輕股票商們則懇請一同前行，哪怕當壓艙物也行；而小的投資商，則搖身成為了偷渡客。旅行開始了，但突然之間，氣袋爆裂，汽船傾覆。結果如何呢？那

些小百萬富翁會如同底層大眾一樣將這一切歸結於命運嗎？還沒等第一股氣從肺中呼出，他們就開始嚎叫著報復；一到達地面，他們就要扼住那倒楣的金錢大亨的喉嚨。牆倒眾人推，人們把矛頭紛紛對準了他，搶走了他的銀行，逼迫他的企業破產，讓他一夜白了頭。今天，他只是徒有金錢大亨的軀殼。當然，他還在做著自己的黃粱美夢，策劃著驚天動地的大事，但再無人對他心存敬畏。他企圖奴役與自己一樣的人，這是他犯下的滔天罪行。倘若他集中精力為普通民眾造福，他仍是之前的那個千億富翁，可以在議員的休息室裡優哉游哉，還有一大群媒體代理人為他編造著某個小屋裡出身的傳奇經歷，故作神祕地大聲耳語說他會成為一名出色的總統。

坦白地說，我不準備從上面的事實中推斷出任何殘酷無情的道德問題。百萬富翁必不可少，還可以造福人類，世界的發展進程證明這一點了嗎？我確信我不清楚，但我想，世界的發展進程，至少證實了百萬富翁在當前發展階段不可或缺，他是見證世界新奇思想難以迴避且實實在在的現實之一。百萬富翁，是主導今日人類思想的典範，是當今種族哲學明晰的象徵。我認為，無論過去還是將來，他都像神一樣真實可信。立法對他的傷害，決不亞於教皇詔書對路德的傷害，但他仍會一直長存並繁榮下去，直至人類的理想發生改變，因為改變是一種必然，周而復始，循環往復，只要大自然生命不息，它就要改變，要不是向前進步，就是倒退衰落。

曾有一時，白色人種衍生了新的理想，開始膜拜其他的神。一旦理想掌握在耶和華手中，帶來了永恆的快樂，那麼，

孟肯給拉蒙特的第五封回信

世界上的物質獎勵就變得微不足道，人類因其對之前信仰的摒棄而得到了應有的尊重。那時是基督教的鼎盛時期，耶穌基督具有不可思議的神奇力量，人們一心一意追隨著他。於是，有些人離開家庭和親人，生活在洞穴裡或岩柱上；有些人一心要消滅彌賽亞[127]的敵人，無論其在國外還是在國內。有些人面對暴虐和迫害，不得不效仿耶穌的謙卑以獲得滿足。

當時，今日之神們，如果有人試圖要宣傳他們，似乎是不可思議的褻瀆行為。正如我們所知道的那樣，當時的金錢大亨，不僅國家要用殘酷的法律懲罰他們，而且神聖的法律還要宣稱他們萬世可憎。在現在，這是幾乎無法想像的事情。富人不要指望進入天堂 —— 但幾乎沒有人質疑天堂的存在 —— 如果這是真的，那麼，高利貸所隱藏的誘惑力又可能是什麼呢？天堂，是每個人的歸宿，關在天堂之外的人會遭受懲罰。這種懲罰，無論世間的榮耀何等巨大，都會令他們抱憾終身。猶太人詭辯的造詣出類拔萃，為自己編造出了藉口，雖然仍無法逃脫國家法律的制裁，但他們的拉比還是找到了方法。藉此方法，他們就可以堂而皇之地放高利貸了，而不會受到單純的天堂宿命的懲罰。這些詭辯論調，給予了其周邊種族無法擁有的巨大優勢，所以，猶太人才能歷經磨難生存下來。這一優勢，他們從未丟棄過。在對現實社會的掌控上，他們比其他人更為堅定。

信仰時代之後，軍事時代隨之而來，其起因是西部歐洲的日漸擁擠。然後是美洲的發現，接著，軍事理想泯滅於商業理

---

127 彌賽亞，耶穌基督的另外一種說法。

想之中。哥倫布身上，展現了所有這三個時代的印記。他當過福音傳教士、軍事征服者，還曾淘過金。

今天，我們丟掉了古老的信仰，地球上也再無可探尋之地。因此，人類將所有精力都投入到對現有棲息之所的統治上，試圖從土地中提高利潤，從商品交換中完善設施，整合並規劃生活。這種投入，勢所必然產生了洛克斐勒、哈夫邁耶[128]和哈里曼家族，就像它生產出汽艇、蔬菜罐頭、電話和抗毒素一樣理所當然。這些後日貴族也是普通人，只是就種族而言，他們所做的事情比普通人更為出色而已。在 20 世紀的美國，他們是理所當然的民族英雄，如同在軍事時代的希臘，尤利西斯是民族英雄一樣。他們還像耶穌，在受到蹂躪之後，來到了充滿理想和希望的裘蒂亞里拿撒勒，見證了同胞們的雄心抱負。

對於商業思想將永遠統治人類的觀點，我絕不妄言對錯。我不清楚，它是否比其他思想更為強大；我也不清楚，它會持續多久，將有什麼思想可以取代它。一些名不見經傳的觀念，不斷地制約並完善著商業理想，其中的某個觀念或所有觀念終有一日會戰勝商業思想。以軍事思想為例，它經常產生於與之相隨的軍事對抗中。1898 年夏天有那麼短短的幾周，與敬佩洛克斐勒相比，大多數美國人更對杜威[129]充滿了欽佩之情，認為

---

128 哈夫邁耶（Henry Osborne Havemeyer, 1847-1907），美國著名的工業家和企業家。美國糖業有限公司創辦人

129 杜威（John Dewey, 1859-1952），美國哲學家、教育家，實用主義的集大成者。代表作：《民主與教育》（*Democracy and Education*）、《我們如何思考》（*How We Think*）、《明日之學校》（*Schools of Tomorrow*）等。

孟肯給拉蒙特的第五封回信

杜威是更有作為、更為榮耀的公民。即使古老的宗教思想：犧牲精神和死後的回報，都在不經意間可以小試身手。渴望進入天堂的百萬富翁，不惜傾囊而出。整個國家，高潮之後陷入低潮的基督教，都大肆擴建孤兒院、醫院和救濟院，支助蹣跚無助者，鼓勵下界的豬玀最大可能地達到亞人類的極限。

我的個人觀點——必須承認，兒童具有熱切的希望——就是，探尋真理的理想，終有一日將取代攫取金錢的欲望。就是說，真實的赫胥黎們和貝林們，在人類的眼中，終有一日，他們的身影要比聖保羅、奧古斯丁、征服者威廉、亞歷山大、洛克斐勒、塞西爾·羅茲[130]、克虜伯[131]和摩根更為高大。

但這一日，並未近在咫尺，它的到來仍蹤跡難覓。對普通民眾來說，赫胥黎的名字，如鄧斯·司各脫[132]一樣陌生，他對人們日常思想的影響仍遙不可及，微乎其微。民眾仍為傻瓜支付報酬，只是為了讓傻瓜登上教壇，宣講死氣沉沉、荒謬透頂的原始巫術。民眾仍堅持認為，星期五是倒楣的日子，褻瀆神靈是犯罪，《啟示錄》真實可信。人類仍處於兒童時期，人類對真理的渴求，為對石頭和避難所的渴求所吞沒。

與此同時，商業思想卻處於鼎盛時期。的確，商業思想是

---

130 塞西爾·羅茲（Cecil John Rhodes, 1853-1902），英國籍南非商人，礦業大亨和政治家。

131 克虜伯（Gustav Krupp, 1870-1950），德國壟斷資本家、軍火製造商。

132 鄧斯·司各脫（Duns Scotus, 約 1265-1308），文藝復興早期英國哲學家、教育家、神學家、唯名論者。他提出了物質具有思維能力的推測，其論據是天主是萬能的，故而可以讓物質具備思維的能力。著有《巴黎論著》、《牛津論著》、《問題論叢》等。

我所談及的真正的思想先驅，在希望成功地尋找到最終的真理之前，必須首先整理好我們的家園。我們必須掌控這些自然力量，將之約束起來，進而給予我們最多的幫助，而不是像現在這樣，任由自然力量不受制約恣意摧毀我們。必須解決糧食問題、交通問題，還有政府問題。必須規劃好民生，這樣，民生才能持續不斷、自然而然地調節自己，適應變化萬千的世間生活。現在，請允許我再使用一次比喻的說法，政治如人的身體，它正遭受疾病的折磨，膝蓋僵硬，胃部疼痛，思維紊亂。必須馬上採取行動，清潔身體，讓紅色的血液自由乾淨地流動起來，將鮮血輸送給身體各個器官，讓肌肉堅韌起來，讓頭腦敏銳起來，讓消化酣暢淋漓。

在這次規模宏大的救治行動中，社會主義願助一臂之力嗎？我想不會的，社會主義只會讓治療變得更為艱難。今天，自然選擇規律正在幫助人類，為制定人類選擇規律助一臂之力。在社會主義之下，不適者才會生存；在社會主義之下，有才能的人只會插標賣首。

你真誠的

亨利・路易斯・孟肯

拉蒙特的第六封來信

拉蒙特的第六封來信

親愛的孟肯先生：

雖然你對那些倒楣的金錢大亨給予了生動形象、栩栩如生的描述，令我受益匪淺，但是，你卻人為地誇大了他的重要性，我用 600 字闡述的話題，你居然用了 6,000 字進行答覆。對此，我感到不勝驚訝。

在簡要評述你的話之前，請允許我提醒你，你在第一封信裡說的「一筆一筆劃出來」你未來社會的「理想中的畫面」的承諾還未實現吧？我可能有些愚鈍，但在本次通信伊始，對你的理想，我還是一如既往地知之寥寥，希望下次來信時給我點撥一二。

我料到你會回復說，我沒清晰地描繪出自己的理想，所以提醒你，經常有畫家聖手對社會主義理想進行描繪，因此，對它再次贅述，我覺得既無必要又浪費稿紙。試圖對社會革命的未來發展階段進行詳細的描述，這一想法是幼稚荒唐的。沒有任何理想會成為終極理想，只能說是嶄新且未知理想的起點。但反對社會主義的人，強烈要求對那種社會主義者期望取代資本主義的社會進行具體的描繪，還是情有可原的。

在我看來，威廉‧莫里斯在《烏有鄉消息》中所描繪的畫面，似乎在各個方面都比我們的處境好得不能再好，因此，我情願它明天就得以實現。

但我還是要說，這並不是我所說的終極理想，因為沒有了終極理想，就如同我不期望社會停滯不前不再演化一樣。這一古老世界，如丁尼生所言，將會「死氣沉沉，如同死氣沉沉的

地球、月球。」

　　我要防止一種潛在的誤解。讀《烏有鄉消息》時，你也許自然而然地想到，在理想社會裡，機器幾乎毫無用處。但是，如我曾經說過的那樣，我相信機器時代仍處於萌芽時期。我相信，社會革命後，機械化將高度發展。實際上，所有不招人待見、勞心費神的社會工作都將由機器來做，留給民眾的只有藝術性——既包括廣義上的藝術，也包括狹隘意義上的藝術——的工作了。

　　我相信，這離威廉‧莫里斯的期望並不遙遠，因為在寫關於機器內容的《變革的跡象》一書中，他說道：「在一個真正的社會裡，這些創造發明的奇蹟，將會首先用於減少人們的單調勞動時間，以此減輕每個個體的負擔。再進一步說，這些機器將會更新換代。那時，這些改進更新，無論是讓個體受益，還是會造福社會，都順理成章。」

　　我的理想即是如此。你會給出同樣明晰的理想社會的定義嗎？

　　現在，讓我們回到金錢大亨的話題。如果我分析你那有點絮絮叨叨——請原諒——的講述正確的話，你實質上講的就是，你不否認金錢大亨遲早注定會出現，也不否認韋伯倫教授以及歸於其身的經濟效益。但你說，第一，如果事實證明金錢大亨的事業具有破壞力的話，只有暗殺才能除掉他。但暗殺並不會解決問題，因為他的後繼者也具有同樣的力量。

　　第二，這一點有點不合常理。你說金錢大亨並未讓人們感到恐慌，恰恰相反，他反而讓人們感到羨慕，因此，人們不可

能干涉他的行為。如果這是真相 —— 我暫且不對這一說法進行駁斥 —— 那麼，金錢大亨對我所預測的中產階級 —— 你的超人祖先 —— 就會具有精準的毀滅力。

第三，你說雖然普通大眾欽佩他，不會阻礙他瘋狂的事業，但那些小百萬富翁反而會將他撕裂。這些二流的百萬富翁，會和他們的受害者 —— 已故的美孚石油公司的羅傑斯先生和太平洋公路公司的哈里曼先生 —— 一道享受一場食人的盛宴嗎？只要問一下波士頓的勞森[133]先生或紐約的費雪[134]先生，答案即可知曉。

你暗示說，詹姆斯・希爾成為了二流百萬富翁發洩可怕憤怒的犧牲品，我希望你說得更清楚一些。哈里曼先生的訃告讓我相信，是金錢大亨裡的大亨，而不是無足輕重的金錢大亨，才在偶然之間擊碎了希爾先生的如意美夢。但就這一點，我願傾聽批評指正。

你還說洛克斐勒先生的投資行為，很少引起投資者的失眠。請允許我推薦你參考一下亞納康達銅業公司[135]的歷史。

最後，你說金錢大亨「在 20 世紀的美國，他們是理所當然的民族英雄，他們見證了同胞們的雄心抱負。對於商業思想將永遠統治人類的觀點，我絕不妄言對錯。我不清楚，它是否比其他思想更為強大；而且我也不清楚，它會持續多久，將有什

---

133 勞森（Thomas William Lawson, 1857-1925），美國商人和作家，因推行股票市場改革而備受爭議。

134 費雪（Albert Fish, 1870-1936），美國連環殺手，據說還吃人肉。

135 亞納康達銅業公司，20 世紀初美國最大的信託公司之一。

麼思想可以取代它。」

在這一點上，我們社會主義者就比你有優勢，因為我們知道 —— 用尼采的話來說：「世界的理想是如何產生的。」我們的確知道，人類理想是由生產方式和交換方式所決定的。因此，我們知道，只要生產方式和分配方式仍是私有制，擁有無限財富的人類理想就不會終止；我們還的確知道，近在咫尺的社會革命將會把財富轉化為公共財產或集體財產，從而迎來社會服務事業嶄新而光榮的理想 —— 這一理想，包含了你「探尋真理」的理想，與海倫對美貌的憧憬，酒神迪奧尼申對快樂的追求，都如出一轍。

只有成為同志陣營裡的一名士兵，才能加快你實現理想的步伐，因為對於你不遺餘力反對的社會主義，你感受到了一種力量，這種力量激發了你內心的衝動要實現社會主義。你的這種下意識行為，無意間證明瞭社會主義具有無法抵抗的吸引力，這令我不勝欣喜。

你認為，我毫無底線地相信法律是萬能的，並試圖修正我這一想法。你告訴我「法律是果，而不是因，」還有「它必然處於事件後面，而且距離事件前面還有不小的距離。」親愛的孟肯，你進步了，我斗膽希望在不久的將來，你就會理解馬克思那意味深長的論斷：「社會的經濟結構，即法律的和政治的上層建築所賴以樹立起來而有一定的社會意識型態與其相適應的現實基礎。」（《政治經濟學批判一書序言》）但是，讓我提醒你，果也是因，雖然立法之根要在經濟土壤上進行探尋，但法律也對經濟發展產生了強有力的影響。

拉蒙特的第六封來信

　　我們社會主義者不會將全部信仰都放在立法之上，我們從不把雞蛋都放在一個籃子裡，我們想要的是合作式的聯盟，我們希望它早日到來。我們不藐視任何武器，只要它能用來戰鬥實現目標就行。我們將投票當成最重要的武器之一，如果對手能公正地進行政治民主遊戲，我們甚至還會認為，投票是我們唯一的武器。但說到寄望於政治民主，我們不會如此幼稚。同樣，鬥爭發展需要什麼樣的武器，我們就使用什麼樣的武器。俄國、瑞典和歐洲拉丁國家的近代史表明，作為一種社會革命方式，罷工，尤其是新形式的罷工，即使不比投票好，也可以與之相媲美。毫無疑問，我們當然既要投票又要罷工了。當然，將來還會衍生出其他形式的同樣有力的武器。

　　但投票還是有其優勢的。透過投票，我們展示了力量。在投票箱裡，我們展示的力量越強大，我們的對手就越不可能強迫我們使用我們的輔助方法。所以，我們的確重視投票這種社會革命的方式，但我們十分確定，社會革命後，現在意義上的投票，在法律上將幾乎再無用武之地。

　　在社會主義奮鬥中，與其他的奮鬥一樣，勝利屬於對壘雙方的強者。從這一點上看，投票和罷工都是記錄我們力量成長的原始刻度計。

　　當這兩個刻度計中有一個顯示我們擁有了更為強大的社會力量時，就會產生新的要求，不是要求立法，而是要求談判，協商的是資產階級的投降。

　　因為，請注意，我們美國人的一貫作風就是如此，我們進行的這場鬥爭，不但是而且必須是一場階級鬥爭，直至社會革

命徹底消滅階級仇恨，戰爭才會結束。

美國人對人類學和社會學的最大貢獻，來自於紐約羅賈斯特市已故的路易斯‧亨利‧摩爾根。遺憾的是，這一卓越的科學天才，至今還沒有人撰寫他的傳記。他更為重要的作品，30多年前由亨利霍爾特出版公司（Henry Holt and Company）出版了，其中最有名的是《古代社會》（*Ancient Society*）一書。在這部里程碑般的作品中，摩爾根透過研究易洛魁族的印第安人和夏威夷的卡內加人的氏族及婚姻制度，第一次讓我們了解了荷馬時代和前荷馬時代希臘的社會結構。

摩爾根概括了人類制度的發展過程、野蠻社會的三個階段以及從野蠻社會過渡到文明社會的三個時期。因此，使我們有了預見未來的能力。他怎樣區別社會發展的不同階段呢？透過人類發明並使用的工具，以及人類馴養並用來滿足人類需要的動物。他告訴我們，在所有社會制度中，這些都是社會發展中最重要的決定因素。人類製造的工具，決定了人類所在社會的性質。摩爾根的這一偉大發現，讓我們只要知道某一特定階段所使用的工具，就可以概括出那一階段整體的文化生活體制，與歐文 [136] 只根據單個骨化石就能複製出業已絕跡物種的骨骼，有著異曲同工之妙。

依據小型手工工具和非動力電，必然能推斷出 17 世紀英國和 18 世紀法國所採用的是手工生產工具、神人同形同性論的宗教以及天賦權利的哲學觀。

---

136 歐文（Richard Owen, 1804-1892），英國生物學家、比較解剖學家和古生物學家，皇家學會會員，曾對許多脊椎動物進行分類與命名。

拉蒙特的第六封來信

當生產技術達到當前的宏大規模時，工具的根本性質——大工廠採取群體間互相合作的經營方式——使這些工廠的社會所有權成為必需且不可避免。「生產工具的私有屬性，」考茨基[137]說，「紮根於小生產的個體生產，使個體所有製成為必需。相反，規模化生產則意味著合作社式的社會生產模式。在規模生產中，每個個體都不是獨自工作，而是由一大群工人組成的聯合體一起工作。因此，現代生產工具具有廣泛且巨大的作用。除了擁有了現代化生產工具之外，個體工人還擁有自己的生產工具，這是完全可能的。一旦透過大規模生產達到了這一階段，就會產生兩種所有制：

「其一，在合作式勞動中，生產工具為個體所擁有的私有制。對工人而言，這意味著，伴隨現存的資本主義生產制度而來的，是他們的悲慘境遇和剝削；對資本家而言，是他們的無所事事和極度奢華。

其二，公共生產工具為工人所有。這意味著合作式的生產模式，而且沒有了工作中的剝削，因為工人成為了自己產品的主人，可以擁有在現存制度之下為資本家所剝奪的剩餘產品。

在生產方式上，用公共所有制代替私人所有制，這是經濟發展以前所未有的力量施加在我們身上的迫切要求。」

親愛的孟肯，這種代替大勢所趨，不可阻擋。當然，考茨基在其他場合還說過，當社會主義者宣告在生產方式上消滅私

---

137 考茨基（Karl Kautsky, 1854-1938），德國社會民主主義活動家，德國和國際工人運動理論家，第二國際領袖之一。亦是馬克思主義發展史中的重要人物。考茨基是卡爾・馬克思代表作《資本論》第四卷的編者。

有質為勢所必然時，他並不是在說，在某個晴朗的清晨，被剝削階級不費吹灰之力就可以找到填飽肚子的野味。社會主義者認為，當前社會制度的垮臺不可避免，因為他知道，經濟發展注定迫使被剝削階級奮起反抗私有制。雖然剝削階級和被剝削階級都在奉行私有制，但私有制增加的是被剝削階級的人數和力量，削弱的卻是剝削階級的人數和力量。對民眾而言，私有制最終導致忍無可忍的現實，令民眾別無選擇，要不是繼續忍氣吞聲，就是奮起推翻這種所有制。

這就是馬克思、恩格斯在些《共產黨宣言》時所說的：「它首先生產的是它自身的掘墓人。資產階級的滅亡和無產階級的勝利是同樣不可避免的。

我們當今的倫理和法律，都是手工業時代的遺產。在手工業時代，勞動者擁有自己的工具，可以用自己的工具生產，因此對自己的產品有絕對的擁有權，這似乎天經地義。看起來，財產建立在生產權之上，可我們仍在遵循手工業時代舊的倫理和法律。「政治經濟學，」馬克思說，「在原則上把兩種極不相同的私有制混同起來了。其中一種是以生產者自己的勞動為基礎，另一種是以剝削別人的勞動為基礎。它忘記了，後者不僅與前者直接對立，而且是在前者的墳墓上成長起來的。」17-19世紀的經濟發展史，就是農民擺脫土地、工匠擺脫工具的歷史。這種擺脫，雖然歷經暴力和痛苦，但對發展高效的現代工業卻絕對必要。當這一過程接近完成時，就開始了中產階級資本家與其資本的脫離 —— 而且這一過程正在加速。

「這種剝奪，」馬克思在《資本論》中告訴我們，「是透過

資本主義生產本身的內在規律的作用，即透過資本的集中進行的。一個資本家打倒許多資本家。」關於當代商業生活的趨勢，我已多有論述，而且所有的美國商人也刻骨銘心，在此就不再贅述。

現在的美國，這兩個過程：工人與生產方式的脫離以及小資本家與資本的脫離，進展如此之快，乃至生產力的發展都受到了阻礙。無產階級在與其微薄的財產分離之後，購買力受到限制，迫使控制大型工業信託公司的金錢大亨削減產量。同時，因為擔心信託公司毀滅性的競爭，小百萬富翁就不敢創辦新的生產企業了。阻止審判日的到來，我們實在是力所不及。今天的美國，正應驗了馬克思 40 年前所說的令人印象深刻的那段話：

「資本的壟斷成了與這種壟斷一起並在這種壟斷之下繁盛起來的生產方式的桎梏。生產資料的集中和勞動的社會化，達到了與它們的資本主義外殼不能相容的地步。這個外殼就要炸毀了。資本主義私有制的喪鐘就要響了。剝奪者就要被剝奪了。

……

以個人自己勞動為基礎的分散的私有制轉化為資本主義私有制，與事實上已經以社會生產為基礎的資本主義所有制轉化為公有制比較起來，自然是一個長久得多、艱苦得多、困難得多的過程。前者是少數掠奪者剝奪人民群眾，後者是人民群眾剝奪少數掠奪者。」（《資本論·政治經濟學批判》）

除了表明人類工具本質上的重大意義外，路易斯·亨利·

摩爾根在《古代社會》中還指出了政府的本質。正如我們現代人所認為的那樣,政府或國家具有兩個顯著特徵。其一,它有徵收稅賦的權力;其二,它有制定並行使法律的權力。摩爾根表示,在伊洛魁的印第安部落和其他原始社會裡,私有制還未建立,雖然有相當複雜的社會機構,卻沒有現代社會這兩個最突出的特徵。只有生產力發達了,能夠生產出維持生存之外的剩餘產品,並將之用來奴役戰犯而不是殺死或吃掉戰犯之後,只有在成群結隊飼養的家畜成為私有財產之後,壓力政治下的公共權力才會得以發展。

社會分成特權階級和非特權階級之後,才產生了政府。如德維爾[138] 所言:「社會秩序涉及民眾的分級,為了保障其安全,公共權力需謹小慎微,才能獲得非特權階級的尊重。」就現代意義的政府而言,如果不存在社會階級,政府就會消亡。政府以近乎成熟的形式隨著階級及其階級對立的出現而出現,是某種特定社會秩序的產物,只要條件允許,它就勢必存在下去。

「在發展進程中,」《共產黨宣言》寫道,「階級差別已經消失,而全國的全部生產集中在龐大組織手裡的時候,公共權力就失去政治性質。原來意義上的政治權力,是一個階級用以壓迫另一個階級的有組織的權力。如果說工人階級在與資產階級的角逐中,在時勢的驅使下,不得不聯合為階級,如果(迫不得已)以革命的方法,使自己成為統治階

---

138 德維爾(Gabriel Deville, 1854-1940),法國社會主義理論家、政治家及外交家。他的著作讓人們更了解卡爾‧馬克思理論及資本主義社會體制的缺陷和劣勢等。代表作:《社會主義、革命和國際主義》等。

級，這樣，就可以迫使舊的生產關係得以掃除，那麼，它在掃除這種生產關係的同時，也就掃除了階級對立和階級本身的存在條件，從而使它自己這個階級的至高地位得以廢除。「我們將會有這樣一個組織，它代替那存在著階級和階級對立的 資產階級舊社會；在那裡，在一切人都可以自由發展的條件下，每一個人都可以自由發展。」

既然階級在本質上來說是防衛機構，它的主要功能就是捍衛階級特權，因此，在消滅經濟特權時首先要抓住政府的權力，這樣，就掌握了社會主義運動政治策略的命脈。任何改善民眾生活條件的改革，我們都尊重，但我們也知道，只要將政府權力保留在有產階級的控制之中，就不會消除貧困和痛苦的根源 —— 工具和機器的私有制。因此，每個社會主義政黨的當前任務，就是掌控政治權力。

我們的目標是掌控政府，可以迫使政府自絕於天下，如我在其他地方所言：「當國家成為工人階級的國家時，政府注定要摧毀其自我的根基 —— 經濟不平等 —— 即，自絕於天下。」用弗里德里希·恩格斯的話說：「對人的統治將由對物的管理所代替。」

我希望自己說清楚了，我們迫切要求公眾去投德布茲的票，不是希望即刻透過立法推行微不足道的改革 —— 我要再三說明，我們既不鄙視也不拒絕這些改革 —— 而是因為知道，掌控在對手手中的政府權力，構成了我們與目標之間不可逾越的鴻溝。

我還要再說一遍，你我之間立場上的不同，不是經濟問

題，而是倫理道德問題。你認為，透過將個體的高度發展和幸福變成有意識獲取的目標，個體就可實現高度的發展和幸福。而我認為，個體要實現崇高的、值得尊重的高度發展，不是透過有意識的自我犧牲——在這一點上，我同意你的觀點，尼采的觀點是病態的、不理智的——而是透過忘掉個人利益，全身心地投入對他人幸福的奉獻。

社會主義倫理，據我所知，威廉‧迪恩‧豪威爾斯 [139] 已很好地闡述出來，就是易卜生在《小艾友夫》中所講到的：「除非他人獲得了幸福，否則，你一定不會也不可能獲得幸福。尋求這種他人幸福之外的幸福，既違背了理智又違背了正義。」

我認為，即使社會主義目標只是一個五彩斑斕的美夢，它也早已因其所塑造的崇高人格而無限豐富了世界，因為社會主義引導個人忘掉自我，全身心地投入到為偉大事業和崇高理想的奮鬥中去。即使在今天，它仍是世界上最有再生活力的宗教力量。

社會主義將消滅貧困和貪婪，讓快樂成為人類的基調，使自我利益與社會福利的衝突不再可能發生，使成功之黃金法則自主地在全世界發揮效用。「在這種情況下，」考茨基說，「一種新型人類將會誕生，他遠遠優越於文化迄今創造的最高形式的人類，這難道不值得我們拭目以待嗎？只要你喜歡的話，就會出現一個超人，這不再是一種例外，而是一種常態。與他的前輩相比，這個超人不再與同志反差很大。超人是高尚的，

---

139 威廉‧迪恩‧豪威爾斯（William Dean Howells, 1837-1920），美國現實主義作家、文學評論家和劇作家。

拉蒙特的第六封來信

他要尋找自己的滿足感，不想成為矮子中的巨人；相反，他想成為巨人中的巨人，幸福者中的幸福者。他情感力量的源泉，不是透過踐踏別人軀體而出人頭地，而是透過與同伴建立聯合體。這個聯合體，賦予他勇氣，敢於挑戰最崇高的任務。」

我正心平氣和、充滿期待地等待這一天的到來。那時，我就可以親手簽上「你的同志了。」

你一如既往的

拉蒙特

孟肯給拉蒙特的第六封回信

孟肯給拉蒙特的第六封回信

親愛的拉蒙特：

　　就金錢大亨之事，你現有的立場已令我十分滿足，不是因為你就我上一封信中貿然提出的拙見給出了滿意的答覆，而是因為我不再希望按照慣常的方式批駁你，改正你的錯誤了。你們社會主義者，一到討論金錢大亨、剩餘價值、資產階級以及那令人恐怖且稀奇古怪的鳥類時，就不厭其煩地從你們的骨肉兄弟 —— 基督教科學 —— 那裡借用形而上學之法。就是說，在哲學恩怨中，你堅持使用的認識論和邏輯論，是單純人類無法認可和理解的，更何況你還給它們打上了私人的烙印。如果我向基督教科學家指明，大腦對肝臟的影響無限小於肝臟對大腦的影響，這時，社會主義者會令人震驚地回答說，肝臟是大腦的幻覺。這一回答讓人頓時大跌眼鏡。在我看來，一個因敬重亞里斯多德而思想受到束縛的普通辯論者，讓他反駁甚至摒棄這一觀點，似乎是異想天開。你怎樣理解這一觀點呢？怎樣衡量它呢？你所認知的這個觀點，會讓整個宇宙消失無蹤，讓所有的證據、邏輯、因果定律都停擺不動。總之，它讓你在空洞虛無裡苟且殘喘。你唯一能做的，就是默不作聲，然後偷偷溜之大吉。

　　恐怕，同樣的命運有時也會降臨到與社會主義者進行辯論的那個人頭上。遺憾的是，我自己就有著切身的體會。比如，在上封信中，我指出金錢大亨的邪惡影響，雖然理論上沒有界限，但在實際生活中會受到束縛，即使階級立法也無法保證其安全，不會因遭到英勇的子彈而痛苦呻吟。這一論點，大言不慚地說，我本以為會令你懸崖勒馬，但我錯了。在唯一你沒用

來回答它的段落中，你徹底將之毀滅，就像基督教科學家那樣，用一句令人錯愕的否認，就徹底毀滅了生理學。你認為，我的論點毫無說服力，因為這根本就不是論點。謀殺療法？得了吧！有什麼用呢？一旦一個金錢大亨遭到了謀殺，「他的繼任者就會前僕後繼地衝上來。」

那麼，讓我們好好思考一下這件事吧。假設一大群潛在的金錢大亨都熱心想在公眾身上大快朵頤，他們當中很多人有意願，也有很多人有辦法，但意願和辦法兼而有之的就屈指可數了。但逐漸地，其中有意願之人，經過艱辛勞作，也獲得了辦法。於是，在他的臉上，我們看到了典型的韋伯倫式的魔鬼特徵。他沒有絲毫的猶豫不決，立刻就扼住了廣大民眾的喉嚨。接踵而至的，是一場野蠻的掠奪。啤酒的價格每罐漲到 25 美分，失業者生活困苦，步履維艱。他們當中許多人面臨絕境，不得不接受征服者給予的工作。還有一些人，是理想主義者，仍在忍飢挨餓。絕望的人們搶劫殺人，孩子被吃掉。社會主義傳播開來……終有一天，一顆炸彈會在某人的私人列車下爆炸，他被炸飛了好幾千尺，滾到了阿勒格尼山下[140]。葬禮結束後一個月，他的遺產一分為二：一部分捐給了阿肯色州的基督教大學，一部分留給了自己的兒子 —— 這個年輕人最瘋狂的夢想，就是成為某位女明星的情人。那些有辦法之人的經歷也大體如此，意願早已在墳墓在灰飛煙滅。

這時，另一個大亨縱身躍上馬鞍。他比第 1 個人更糟糕，

---

[140] 阿勒格尼山下，北美阿巴拉契亞山系西北部分支，多山峰，海拔 1,000 公尺左右。

他殘酷無情，使勁鞭笞著無產階級。孩子們挨餓時的哭喊聲，他聽起來就像音樂一樣悅耳動聽。人類的悲慘遭遇，數不盡的恐懼，不可名狀的痛苦，令他樂此不疲……終有一天，命中注定的子彈結果了他的性命，他不再會禍害人類了。

第 3 個人！他也有「同樣的力量。」……最終子彈也會找到他。……第 4 個！第 5 個！第 100 個！第 500 個！……我們得到的是龐大的天文數字。4 億大亨遭到屠戮，屍身堆積如山。根據他們的遺囑，人們建立了 500 萬所基督教「大學」，派遣了 5,000 萬傳教士去荒蠻之地，還成立了一個由歌舞女伶、訟棍律師、餐廳領班和精神病專家組成的龐大產業。唉，何等悲慘的命運！這種有苦說不出的味道，又是何等淒慘！然而，竟然還出現了第 400,000,001 個大亨，按照你的驚人的無窮盡理論，他正躊躇滿志，情願面對同樣的命運、品嘗同樣的苦澀呢！這個怪物，當你引進它時，它實際上已接近絕跡，但現在卻像異教一樣隨處可見。一旦狡詐自私到無可理喻的地步，金錢大亨就會為了某種理想鋌而走險。

坦率地說，親愛的拉蒙特，我認為你並沒有解答我的疑惑。如果我沒大錯特錯的話，對死亡的真正恐懼 —— 因現實的例子而變得真實起來 —— 往往動搖決心，哪怕是位最堅定之人。如果我沒再次說錯的話，公共場合的殺戮行為，無論合不合規矩，一定會結束哪怕是最活躍之人的行動，讓他的某種特定行動失去誘惑力。你可能會記得特雷波夫將軍 [141] 的例子。他的確在蘇聯祕密員警部門有位繼任者，但我猜想，即使最瘋

---

141 特雷波夫將軍（General Trepoff, 1850-1906），曾擔任莫斯科警察局長。

狂的蘇聯愛國者都會承認，雖然對其繼任者期望很高，但他的繼任者，肯定比特雷波夫將軍要溫馴不少。如果你還堅持說，畢竟蘇聯只有一個祕密員警頭子，而美國提供了牧場，可以容納大量的金錢大亨、五花八門的抱負以及各種各樣的邪惡，那麼，我就要提醒你，在巴黎皮克比墓地[142]，可以找到恐怖年代裡死去的 1,306 名法國貴族的無頭屍骸。今天，子彈廉價，一個人或一萬個人 —— 有什麼差別嗎？

　　法國大革命的恐怖並未將法國變成天堂，肯定不會！社會主義更不會！法國農民剛剛消滅了封建地主，謝天謝地！但新的地主隨即駕到，雖然名字變了，但換湯不換藥。如果明天美國有大量百萬富翁被屠殺，然後社會主義隆重登基，同樣的悲劇會再次重演。那時，我親愛的拉蒙特，你本人就會成為一名金錢大亨。今天，你編寫了一張社會主義報紙，撰寫了關於社會主義的文章，社會主義陣營中的士兵很自然地開始欣賞你的才華和眼光，把你看成能讀懂經濟蕭條的大師。在社會主義社會，他們仍會求教於你，因為他們是普通人，需要導師、領袖和主人。就是說，你可能成為紐約州的財政部長或州長 —— 心裡還有種想當總統的癢癢的感覺……我坦率地說，你的前景並不美妙。在羅伯特·瑞夫斯·拉蒙特左右的共產主義和約翰·洛克斐勒造就的民主政體之間，我只會選擇後者，不是因為我討厭你，而是因為堅韌而痛苦的探索使我確信，對人類來說，一般情況下，約翰的生存哲學更安全、更理智、更健康，要強過你所宣揚的生存哲學。

---

142 皮克比墓地（the cemetery of Picpus），巴黎最大的私人墓地。

孟肯給拉蒙特的第六封回信

我想，美國的普通民眾會同意我的觀點。也許這就是為什麼謀殺洛克斐勒的建議看起來像個笑話 —— 也許低劣，但無傷大雅。不必擔心，約翰無性命之憂。只要無產階級還能笑，我們就無性命之憂。

在韋伯倫和金錢大亨的問題上，你所有的反駁，須留給子孫後代和公正的上帝作裁決，我不再贅述，因為這封信本已過長，在結束之前，我必須應答你的指控：我無法提供代替社會主義的任何生存哲學。這項指控，只在某些方面是正確的，因為我不得不承認，我沒有像你的「歷史唯物主義」那樣絕對正確的公式，可以解決人類生存的所有問題。大多數情況下，生活給我留下的印象，複雜到令人震驚的地步。生活不是靜止的，而是運動的；不是存在狀態，而是持續的形成過程。而人之個體，又具有多樣性，他不斷地作用於自然環境，並產生了一系列現象。在我看來，這些現象難以預知和捕捉。當試圖解釋這些現象時，如果試圖將它們歸入預定的鏈條和階段中，就經常會導致無謂的語言浪費。有時，不同事物被給予了同一名字，擁有這一共同的名字，就證明了它們的身分。而有時，同一事物又取了兩個名字：甲和乙，它們組成了複雜的等式，沒有人注意等式兩邊有多少令人惱火的謬誤。在乏味的大學教授講授的社會心理學裡，還有大學教授、工人領袖、社論主筆和狂熱的作者所傳授的政治經濟學中，有不少偽科學的荒謬理論，就是來自這些謬誤的等式。

你們社會主義者經常作繭自縛。比如，在上封信中，你說「依據小型手工工具和非動力電，必然能推斷出 17 世紀英國

和 18 世紀法國所採用的是手工生產工具。」表面看來，這種概括似乎非常合理，但細想一下，就會發現其合理性虛有其表。事實上，你真正想表達的意思是，假設沒有其他選擇，只有手工工具，注定導致人們使用手工工具。這句話裡可以為人理解的意思僅限於此，別無其他，但凡稍有見地的人，都可以一眼看穿。

然而，犯這種錯誤的人，不知你一個。有人試圖將複雜無序的生活現象變成嚴格的規則，他們也犯下了同樣嚴重的錯誤。每當我落筆時，也會犯下這類錯誤 —— 在我的信中，你可以一覽無遺 —— 當知道自己不是犯這種錯誤的唯一一個人時，我才會感覺安慰 —— 甚至連赫胥黎、牛頓和達爾文，有時也與我為伍 —— 才使我放棄爭議，從內心裡把它當成不可能實現的藝術。的確，但凡概括，都有其局限性，這個也不例外。經常進行概括，就會無可避免地發現一些令人不安的例外，一些必須躲避的、有輻射力的無政府主義者。宇宙的發展進程，由無數的行為構成，越仔細審視它們，就會越確信：在許多方面，這一進程獨一無二。但是，哲學是長久的，而生命是短暫的，即使我們不全然相信，也還要認定行為有族群階層之分，否則，就根本沒有研究的希望了。用詹姆斯教授的話講：在推理上必須採取捷徑。然而，在採取捷徑時，還是要小心謹慎，因為有時是沒有必要的。

現在，談一下我認為比社會主義更準確、更令人滿意的哲學觀。你抱怨我沒在信中簡單明瞭、一針見血地闡述出來，但你必須承認，我已不止一次地勾勒出了它的輪廓。我毫不懷

孟肯給拉蒙特的第六封回信

疑，這些輪廓早已讓你知曉，它雖然粗糙，但實際上全然否定了所有建立在基督教和社會主義之上的理論和理想。無論基督教和社會主義何時產生差異，產生怎樣的差異，我都要投票給社會主義。就此而論，我也許可以在你的博愛之中申領一席之地吧。像你一樣，我對虛假的承諾：「溫柔的人必承受地土，」（《聖經·馬太福音》5:5）同樣深惡痛絕。這種承諾，實際上將基督教道德與其他道德隔離開來。像你一樣，我認為，生活在這個世界上，本是非常愉悅之事，人類應該全力以赴讓生活變得更加愉悅 —— 這一理念，任何虔誠的基督徒，即使他相信人類有無法克服的罪惡，人類的努力徒勞無益，也應毫不愧疚的擁有。歸根結底，我們是不可分割的整體。但談到基督教和社會主義的共同理念時，我們卻又涇渭分明。當然，我所指的理念是：「在上帝面前」人人平等；對兄弟的責任大於對自己的責任；對於宇宙的主人而言，一個愚蠢、無助、無能和無望的呻吟，要比井然有序、條理清晰的計畫，以及一個有才幹之人的成就，更加令人費解地悅耳動聽。我不相信這些理念。在我看來，它們的錯誤顯而易見，千真萬確。正因為它們是錯誤的，所以，它們才是人類進步的危險敵人。

你們社會主義者，在哲學思想伊始，就犯下了一個錯誤，這一點我在前一段中已提及。就是說，你們將風馬牛不相及的事物賦予了同一名稱，然後假定它們是同一事物。我還是舉例說明一下吧。比如說湯瑪斯·亨利·赫胥黎和一個叫做賈斯珀·詹森（Rev. Jasper Johnson）的牧師。表明看來，他們有許多相似之處。赫胥黎屬於人類男性，詹森也是如此。赫胥黎用英語

表達思想，詹森也是這樣。赫胥黎吃肉，詹森也吃肉。這樣的共同點算起來，沒完沒了。可一想想兩人之間的不同點，就會發現，他們之間的差異等於 x 的 n 次方，再加上一百萬。他們的每一個特徵，如本能、習慣和品格，如果拿來區別人和猿，赫胥黎的人類特徵也許更為豐富。但在詹森身上，本能、習慣和品格這些特徵，雖然都有顯現，但卻微乎其微，很難辨識出來。概括說來，赫胥黎是思想巨匠，而詹森在思想上幾乎無足輕重。其中一人，將人類進步的時鐘向前推快了 100 年，而另一人則是卑劣、無知、迷信、自命不凡並且手腳還不乾淨的黑人牧師，腦子只想三件事：每頓飯有豬肉，在天堂裡變成白人，還有就是某一天在小樹林裡與一個白種女人幽會。

然而，根據社會主義哲學和基督教哲學，這兩人卻是平等的。按照基督教的先知所言，他們將並排跪在上帝的寶座之下，如兄弟般永恆；而且，他們同樣有資格處理社會和國家的重大事務，同樣有資格享受安逸和悠閒，同樣資格獲得同伴的幫助，實現自己的夢想。

親愛的拉蒙特，對此，我無法認可。在我看來，如果有人試圖證明赫胥黎和詹森屬於同等生物，那麼，他所面對的是舉步維艱的艱巨任務。我相信，他們之間的差距，要比詹森與類人猿之間的差距還要大。說實話，就身體而言，很可能他們只有程度上的差別；但就思想而言，他們之間的差別無法估量。任何可以想像的培訓課程，無論時間多久，都不會將詹森複製成另一個赫胥黎。赫胥黎來到這個世界，天生就具有某些特質，某些無法評估的天賦，這是另一個人無論如何都獲得不

了的。

其中一人所屬的這一階層，他們對人類的價值及由此帶來的生存權，任何有理性的人都不敢貿然否認；另一個人所屬的這一階層，他們顯然毫無價值，他們帶來的生存權，經過證明之後才會得到承認。

於是，我得出結論：人權理論，大多與死板且善意的自然法則相適應；而這些自然法則，一絲不苟地控制著複雜社會中的人類，就如同它們控制培養液中的葡萄球菌一樣僵化古板。人權可以分成兩類：第一類權利，是一個人（或一類人）透過與環境鬥爭而得到的；第二類權利，是透過交換價值而獲得的。如果一個人殺死要吃掉他的惡狼，或直接從土地上刨取食物，他行使的是第一種權利。如果一個人將自己的技能和勞動帶到開放的市場中出賣，換取食物，那麼，他行使的是第二種權利。如果他所提供的服務對同胞價值微薄，那麼，他必須滿足於微薄的回報。要是他提供的服務毫無價值，那麼，他必須接受零回報。就是說，對他的回報，再也無法細分下去了，因為每個人的生存權，都靠其價值衡量。只要他證明自己主宰了環境，他就具有生存權。

這種世界觀和人生觀，並非如我赤裸裸的陳述那樣看起來像吃人一般可怕，它並不排斥產生於習性和人際交往中的同情、仁慈和善意，也不排斥有時促使強者幫助弱者的明智遠見，因為後者也許會克服自身的弱點，不再靠他人的接濟謀生，然後成為一名樂於助人之人。但是，這種觀念卻實實在在地排斥了那種對人類多愁善感的尊重，因為它本身就賦予了自

己深長的感激和複雜的權利，所有的一切都建立在古老的神學觀念之上：人在某種意義上是神聖的。我認為，這種觀念該為當今世界 90%的醜惡負責。此外，它還要為心懷不軌的慈善行為負責，因為這種慈善驕縱了半人半鬼的墮落的英國乞丐，並且，以上帝的名義，還促生了更多的這類人。它還要為那煽情的自由理論負責，這種理論在美國讓黑人流浪漢的投票與查理斯·艾略特和湯瑪斯·愛迪生一樣有效。最後，它還要為那些默默潛伏的破壞力十足的動盪負責，這些動盪，如社會主義之流一樣，令無能之人相信工作效率毫無價值，甚至是一種罪惡；因此，無能之人會變得更加無能。無需多麼流利的口才，就可以讓雜務工相信他與州長相差無幾。但即使他對這種荒謬的說法信以為真，也並不能證明其真實性。在將這種思想灌輸到雜務工混沌的頭腦中時，你也毀掉了他雜務工的身分。

在我看來，對卓越工作效率的回報必須極具吸引力，而對無能的懲罰應該迅捷、無情且殘酷，這才合情合理。只有這樣，人類才會進步。讓天才豐衣足食，可以躲風避雨，還不夠，因為這些事情實際上所有人都可以輕易獲得。天才必須得到與眾不同的回報。讓天才自己推薦這一回報的具體類別，而讓其同伴決定這一回報的數量。如果他想要金錢，就讓他隨心所願。如果他想要權力、榮譽、聲望和崇拜，就讓他如願以償。也許，在積極主動地圓滿完成工作後，隨之而來的是無可比擬的 —— 對普通民眾而言，是不可思議的 —— 快樂，就足以令他心滿意足。也許恰恰相反，他索要的，不僅有財富，還有子孫後世富有的保證。無論他想要什麼，只要他物有所值，

就可以滿足他。這個世界就是一個自由市場，在這裡，天才應該展現自己的價值。

才能淺薄之人，討價還價的資本微乎其微，因為他所提供的價值也微不足道。如果他位於報價表的底端，他的商品就幾乎一文不值了，因為幾乎人人都可以買到。與其他人相比，如果他的藝術才華並無多少令人欣賞之處，那麼，他必須在雜務中尋求生存。在這一工作中，身體健康之人，效率無高低之別。對於那些想逃避世間雜務的人，如果他們有更為愉快、利潤更加豐厚的工作可以發揮自己才能，那麼，就將這些工作分配給他們。總之，他所售賣的物品，是基本的、功能性的勞動，牲畜也可提供，僅此而已。那麼，他所得到的價值，亞當斯密早已表明，等同於付給馬匹的價值 —— 食物和住所，僅此足矣。如果在這種功能性勞動中稍微加入技能，他的回報就不僅僅夠維持生存的了，隨著他技能的增長，回報必然隨之增加。

我認為，這似乎是一種理想安排。即使有權力改變這些，我也不會動它一絲一毫。如果有人安排我創造一個新世界，我會接受這一安排並身體力行付之行動。人類也許將心存感激，因為這種安排讓我們從愚鈍的動物中脫穎而出。過去，這種安排讓我們人類得以昇華；今後，它會繼續讓我們得到昇華，並將繼續昇華下去。這種安排自覺且必然碾碎的，不僅有無能的個體，還有無用的階層和孱弱的種族。它有一種趨勢，將所有最能將人類與動物區分開來的技能特徵和技能形式強化並突顯出來。有些事情，有些人做得出色，而其他人只會做得很糟糕

或根本不會做，那麼，它就會為能做事的人提供豐厚的獎勵。它還能將手無縛雞之力的人淪為奴隸。在這種主人與奴隸之間無數個體打交道的過程中，它決定每個人的價值，不是根據他的渴望或意圖，而是根據每個人付之行動所取得的立竿見影的效果。

因此，在與無數個體打交道時，理想的安排將他們粗略地劃分成不同階層，但這些階層間並無顯而易見的差別。出生卑微之人，也許死於高貴之中。跟非洲人一樣無能的貴族，也許偶爾可以產生出漢尼拔[143]或大仲馬一樣的人物。而處於最高階層的種族，也許擁有成群的白癡。100 年之後，人類總體環境重視哪些技能，最擅長展示這些技能的種族也許就會統治世界。200 年之後，環境又發生變化，其他技能更為寶貴起來，上述種族就會淪為現實中的奴隸。豐厚的回報，總是給予能夠駕馭逆境、滿足現實需求的種族。對個體而言，亦是如此。

文明，是逐漸才意識到階層的天然存在的，於是，它將階層建構成階級，然後尋求將階級的特權和無能變成永恆。但這種努力，從長遠看來，注定要功虧一簣。比如，從世界發展進程來看，曾經有段時期，教士階級對其他階級擁有絕對的權力 —— 比中產階級中的軍人階層或今天的商人階層行使的權力還要無限大。換作當時來看，教士階級會有一天成為令人難以容忍的寄生蟲中的下等人，簡直不可思議。然而現在，這卻變成了現實。軍人階層，同樣，丟掉了其古老的王權。今天，軍

---

143 漢尼拔（Hannibal, 西元前 247- 西元前 183），北非古國迦太基著名軍事家和戰略家。

人階層的生存完全取決於商人階層的善心。也許，終有一日，後者也會丟掉其王座。我確定這一天定會到來，但不知道它何時到來。甚至有一種可能，「製造商」階層會有得勢的一天，但我還是不知道這會何時發生。

但是，我的的確確知道的是，社會主義實施的計畫，透過實施人類的意願，將「製造商」階層提升為統治階級，如同古老的基督教天機那樣，想用《啟示錄》和詛咒解決所有宇宙中的謎團，兩者都同樣荒唐可笑。如果這事終會發生，它一定會經歷緩慢的發展階段，其發生變化的跡象也必迎合了人類的需求和欲望。現在，人類似乎處於最需要提升生活藝術的時期。對於為人類提供通往天堂的神祕密碼之人，人類無所回報，因為人類對天堂全然無知；而對於提供給人類舒適方便 —— 汽油行銷策略的改善，旅行安全設施的改進，新食品的研製，儲蓄投資的新計畫 —— 方案之人，人類所給予的回報之豐厚，不亞於他們覲見教皇或國王時所帶的貢禮。對於服務階層而言，若想得寵，最需關注的就是其服務的獨特性。對於鞋商，無論他的鞋做工多麼精美，只要不像量身定做的那麼舒適，所得到的回報就屈指可數。同樣，如果一個人還按同一套方法種植麥子，將麥子儲藏在穀倉裡，他也不會得到獎賞。但對於有些人，如果他們發明了新機器，改進了工作方法，提高了鞋的舒適度，將從農民手中購買的麥子精心送到最需要它的人手中，人類就會給予他們非同一般的回報。

努力將從事日常服務的人提升成為提供不同尋常服務的人，在我看來，不僅無益而且還會徒勞無功。工人來到市場出

賣技能，試圖以適當的方式達成最好的交易，他會得到真摯的同情。但對於一個身無一技之長之人，如果他想要獲得只會給予擁有獨特才能之人那樣的回報和待遇，那麼，在我看來，櫃檯另一端那個更有才能的人，就有權利用自己的優勢和策略，拒絕他的這一苛刻要求。這個無一技之長的人認為，除了正當的薪資之外，他還應獲得維持生存所需的特定報酬。對於這一點，我無法苟同。他還認為，正是因為自己活著，所以才適合解決最困難的生存問題，而這與那些具有非凡才能之人將人類昇華的行為，如出一轍。對此，我也無法與其苟同。磚瓦匠在決定肺炎的治療方面，沒有投票權。我相信，這種觀點，沒有人會認為是一種暴政吧。同理，在決策那些重大的政府、商業及其令最高層的人都頭疼的生活藝術問題時，黑人農民也沒有發言權。我想，這是再自然不過的事情了。

但是，豐厚的回報總會給予最有才華、最名副其實的人嗎？無所事事的富人怎麼辦？幸運和蠻力又會怎樣？如何解釋那些繼承百萬家業、整日自我放縱、花天酒地的富人呢？在為生存而進行的奮鬥中，人類不僅摧毀了自己孱弱的身體，還損傷了自己無與倫比的大腦，這難道不是事實嗎？最後，主人與奴隸的唯一區別，僅僅在於一個機遇，這難道不是事實嗎？

首先談談那些無所事事的富人。他們怎麼辦？我的整體布局能為他們找到開脫的理由嗎？可以肯定地說，不能 —— 但也無需他們立即戲劇性地消失。雖然我承認，他們就像你們社會主義者所指控的那樣邪惡，但在我看來，他們的實際作惡能力，往往受到兩個因素的削弱：其一，他們的人數屈指可數；

其二，他們掌控巨大財富的事實，站不住腳。換言之，擁有財富且無所事事之人，拋開其無所事事不提，在人數上，其實寥寥無幾，必須去舞臺或者在高級雜誌上，才能大批地找到他們。在現實生活中，遇到他們與遇到已婚的哲學家或令人恐怖的巨版《聖經》一樣微乎其微。

　　大部分的百萬富翁，不是寄生蟲，只是待遇優厚的工人。接踵而至的金錢，其實不過是他們將自己的卓越才華奉獻於卓越事業的薪資。而這些事業，有時被與此事毫無瓜葛的著名專家 —— 往往是自封的 —— 判定為不道德。但是，在為生存而進行的奮鬥中，事業無所謂道德不道德，只有最為廣義上的盈利不盈利、值得不值得之說。道德家，無論多麼成就非凡，他們所持有的觀點僅是一己之見，總會找到其他的道德家對此予以駁斥。為了向你說明這一事實是千真萬確的，只需提醒你，實際上，人類可能實施的每項行動，都曾處於激烈的道德辯論的風暴中心。對這一個人來說，吃人肉的行為似乎有傷風化；而對另一個人來說，吃人肉似乎是可以想像的最愉快的行為了。對這一個人來說，從無知者那裡賺錢並許諾帶他們進入天堂的習慣，似乎是最為尊貴、最為榮耀的世間愛好；而對於我，這種習慣無疑是極端無情且邪惡的詐騙行徑。對這一個人來說，士兵就是英雄；而對另一個人來說，士兵卻是可惡的流浪漢，十惡不赦的罪犯。對這個人來說，婚姻是神聖的儀式；而對另一個人來說，婚姻是危險的犯罪。綜上所述，某一特定的百萬富翁的賺錢行為，到底道德不道德，最終是由你還是由我決定的呢？我想都不是。只要百萬富翁認為自己誠實賺錢，

很可能最好推定他是無辜的。據我所知，即使小麥市場的壟斷行為，也有其深奧的含義，無論其本質上有價值與否，它肯定有價可賣，因為公眾為購買它畢竟花了不少錢。

是的！通常情況下，百萬富翁不是惰性十足的寄生蟲，而是繁忙的勞作者。即使他父親將財富作為免費的禮物送給他，他也必須努力工作維持家業。只要你曾經管理過家產，無論多麼微薄，你都必須承認這是事實。富不過三代，這也進一步證實了該事實。富人的無所事事，要付出高昂的代價。治療一次重感冒，有時會花上百萬美元，因為在治病隔離期間，其他人為了緩解他的財政負擔，都在不遺餘力地付出著。英國的貴族家庭，雖然財產受到有史以來最為精明的法律保護，但還遠遠說不上高枕無憂。研究人員經過煞費苦心的調查發現，這個國家只有不到5％的貴族，將其巨額財富完整無損地傳給了下一代。一般而言，富貴家族淪為無產階級的速度更快，公爵的曾孫也許是個理髮師。但即使認可百萬富翁的兒子是無所事事的花花公子，一無是處，與世為害，我也看不出對待他們的辦法。他父親付出了服務，根據市場規律，這種服務擁有很高的市場價值，於是就從公眾那裡獲得了巨額財富。如我所言，這些財富傳給了他，他非常清楚，自己可以自由支配這筆財富。如果他選擇奉獻出來，用於公眾服務，恐怕沒有人產生異議。如果在臨終之際，他選擇將財富用於公共財政，即使你們社會主義者，也會稱讚他有德行。那麼，為什麼他選擇將這筆財產傳給自己那放蕩的白吃白喝兒子，就要受到譴責呢？之前與他達成了某種協定，之後不經他同意就廢除了這協議，這是公正

的還是誠實的？這只是權宜之計嗎？他那無所事事的兒子，不是這筆堅不可摧的財富最可怕的敵人，這難道不是再清楚不過的事實嗎？

　　現在再談談其他的反對意見。最豐厚的回報，真的給了最有效率、最該得到之人了嗎？為生存而進行的奮鬥，透過向弱者挑戰，有時難道不會剝奪這世上最無與倫比的思想嗎？在這場奮鬥中，運氣難道不是發揮至關重要的作用嗎？我想，在之前的信中，我已回答了所有這些問題，但我最好還是再重複一遍自己的總體答覆。我的總體答覆是，在這次討論中，我關心的是世界的本來面目，而非世界的表象或應有的樣子。如果透過人類行為，有可能將適者生存的法則廢除掉，那麼，社會主義及其他的社會體制似乎就合理了 —— 注意，我只能勉為其難地認可其合理性，而非其真實性 —— 但是，按現在情形來看，我認為，它們並不在我們要討論的範圍之內。無論是福是禍，大自然自有定律：強者優於弱者，幸運者戰勝不幸者。在這裡，我們無意於裁判大自然的對與錯，我們可安然而做的唯一一件事，就是關注這一事實：萬物的發展機制，無論多麼糟糕，至少在取得進步；無論其中的上帝姓甚名誰，我們都要心存感激，因為我們，從本質上講，本屬於天平的底端，只是被適當地調高了位置而已。

　　我不屬於任何宗教，但在思考人生時，仍感覺自己是幸運的，因此有必要將自己的感激之情傳遞出去，傳到某個地方，傳遞給某個人。財富、榮耀和權力，非我這等陋才薄能之人力之所及，但自己卻出乎意料地獲得了命運的青睞。我每日

的工作，不是一種折磨，全是一種愉悅。自己的付出，在開放的市場裡，有價可售，還帶給了我理想中的舒適生活。我要警惕的，只是老年時才有可能的遙不可及的飢餓。在窗外的街道上，有一個人正在雨中辛苦勞作，他的回報只是今晚的棲身之所和明天的一日三餐。一想到我們之間的命運差距如此之大，我就情不自禁地好奇，毫無意義的人生為何恆久長存？我也因此好奇並可憐這個人的命運，但過了不久，也許我會想到，在許多方面，他很可能比我更幸運。

但是，我決不會與他交換位置。

你真誠的
孟肯

國家圖書館出版品預行編目資料

人民 vs 個人：拉蒙特和孟肯的社會主義與自由主義之爭 / [美] 羅伯特‧拉蒙特 (Robert La Monte)，亨利‧路易斯‧孟肯 (H. L. Mencken) 著，王少凱 譯 . -- 第一版 . -- 臺北市：崧燁文化事業有限公司，2023.02
面；　公分
POD 版
譯自：Men versus the man : a correspondence between Robert Rives La Monte, socialist, and H. L. Mencken, individualist paperback
ISBN 978-626-357-033-7(平裝)
1.CST: 社會主義 2.CST: 自由主義 3.CST: 書信
549.2　　111021158

人民 vs 個人：拉蒙特和孟肯的社會主義與自由主義之爭

作　　者：[美] 羅伯特‧拉蒙特 (Robert La Monte)
　　　　　亨利‧路易斯‧孟肯 (H. L. Mencken)
翻　　譯：王少凱
發 行 人：黃振庭
出 版 者：崧燁文化事業有限公司
發 行 者：崧燁文化事業有限公司
E-mail：sonbookservice@gmail.com
粉 絲 頁：https://www.facebook.com/sonbookss/
網　　址：https://sonbook.net/
地　　址：台北市中正區重慶南路一段六十一號八樓 815 室
Rm. 815, 8F., No.61, Sec. 1, Chongqing S. Rd., Zhongzheng Dist., Taipei City 100, Taiwan
電　　話：(02)2370-3310　　傳　　真：(02) 2388-1990
印　　刷：京峯彩色印刷有限公司（京峰數位）
律師顧問：廣華律師事務所 張珮琦律師

官網

臉書

定　　價：330 元
發行日期：2023 年 02 月第一版
◎本書以 POD 印製